AF282902

Hojas de roble

PEPITA ROBLES DIOSDADO

Hojas de roble

Diputación de Salamanca
2025

Ediciones Diputación de Salamanca
Serie Lengua y Literatura, n.º 75

1ª Edición: 2025

© Diputación de Salamanca y Pepita Robles Diosdado

© Diseño de cubierta: Nacho Cotobal

© Fotografias de cubierta y colofón: Ramón Marcos Morato

DIPUTACIÓN DE SALAMANCA
e-mail: ediciones@lasalina.es
http://www.lasalina.es

ISBN: 978-84-7797-792-6
Depósito Legal: S 454-2025

Imprime: Nueva Graficesa

A mis hijos y nietos,
para que conozcáis mis raíces,
las vuestras.

ÍNDICE

Prólogo 13

Aires del Pico Cervero 15

Al Pico Cervero 15
La familia 16
La primera casa 18
La nueva casa 20
La iglesia 27
    El lenguaje de las campanas 29
La ermita 32
La escuela 32
    Gracias, Doña Domi 37
Las cosechas 38
    Olor a pan reciente 43
La ganadería 46
Juegos y diversiones 50
Cosas de "la crianza" 51
Remedios para "casi" todo 55
De matanza 60
Frío, frío... ¡¡de verdad!! 65
Tiempo de castañas 70
Días de hornazos 72
Lugares entrañables 74
    El Pico Cervero 74
    La Dehesa 75
    Vallortiga 78
    La Fábrica 80
    La Calera 81
    El Cahozo Hondo 83
Una solución ingeniosa 86
La importancia de los signos 87

Fiestas y acontecimientos familiares 90
    El Bautizo 90
    La Primera Comunión 91
    La boda 93
    Entierros y funerales 96
    Semana Santa 97
Aquel viaje... hace 70 años 100
¡A la Feria! 103
Excursión a la Peña de Francia 106
La visita del Rey Melchor 110
A estudiar a Salamanca 113
De Escurial a Alba... 50 años 115
Una aventura serrana 118
Recuerdos y añoranzas 120

Verso a Verso 123
    A tus manos 123
    A mis padres en sus Bodas De Oro 125
    La mejor herencia 128
    Ser maestro 131
    Gracias 132
    Alba y Santa Teresa 133
    El Toro de Fuego 134
    A "La Soledad" de Las Madres 138
    Piedras, secretos, palabras 139
    Rapsodia Albense 141
    Buscando a Teresa 145
    Carta a Teresa o La Misión de un Pueblo 147
    Coplas de Ciego.
    "Los niños conocen a Santa Teresa" 150
    De mujer a mujer 152
    Nada te Turbe (glosa) 154
    Sueños de Paloma 155
    Súplicas a Teresa (soneto) 158
Almendros en Flor 159
    "Almendro amigo: Gracias" 159
    Aquel almendro 159
    Evocación 162
    Igual que el almendro 163
    La voz del viento 165
    Nostalgia 167
    Renacer 169
    Sueño y realidad 172
    Viaje a la primavera 173

A la Navidad 177
   El mejor regalo de Navidad 177
   La historia se repite 181
   El Espíritu de la Navidad 184
   Navidad 186
   Ángeles del tercer mundo 186
   El Huésped 189
   Jesús-Emigrante 191
   Las Figuras del Belén 193
   Feliz cumpleaños Jesús 194
   Ciber-Navidad (humorada) 196
Hojas sueltas 199
   A los ojos de un niño 199
   Canta a la vida 200
   Interesante lección 200
   Recuerdos y Ensoñaciones (de Juana la Loca) 202
   Diálogo de Amor: El Bautismo 204
   Mallorca, ¡recuerdos de agua! 206
Poemillas de Primera Comunión 209
   Jugando con Jesús 209
   A Tu lado 210

Cuentos y Narraciones 211

El lenguaje de las cosas 211
Noche de fantasmas 212
La importancia de las raíces 217
La soledad del almendro 223
La cabra Mora 227
   Coda 231
...Y estalló la Paz 231
Una Navidad diferente 234
El mejor regalo de Reyes 237
Apañando aceitunas... en Navidad 242
Torrealta, otro milagro de la Navidad 247
El regalo del Pastor 250

Epílogo 253

Hoy he visto nevar 253

PRÓLOGO

Así, muy poquito a poco, a lo largo de los años, el roble va creciendo y se va poblando de hojas: unas grandes y otras pequeñas, con distintos matices de verdes, unas íntimas y escondidas, otras exteriores y orgullosas… Pero todas tan importantes que, unidas, se dejan mecer por el viento, regalan su sombra, dan cobijo a las aves…

Así, de esta forma, ha nacido y ha ido creciendo "mi roble"; durante gran parte de mi vida se ha ido poblando con las hojas de mis escritos ¡tan distintas, tan personales…! En ellas se ven reflejadas, en prosa o en verso, mis andanzas infantiles y juveniles en Escurial de la Sierra, mis recuerdos más íntimos y entrañables, mis emociones ante los variados acontecimientos en Alba de Tormes, donde formé familia y en los distintos destinos donde ejercí mi profesión de maestra.

Con este libro, *Hojas de Roble* que, con motivo de mi 80 cumpleaños, ha visto la luz gracias a la Diputación de Salamanca, solamente he pretendido que conozcáis mis raíces, así como las vivencias y sentimientos que han ido marcando mi vida.

Alba de Tormes, noviembre de 2025

Aires del Pico Cervero

AL PICO CERVERO

Gigante que desafía
las ventiscas de la sierra,
vigilante que vigila
el paisaje de mi tierra.

Este es Cervero, "mi Pico",
que despierta en mi memoria
gratos recuerdos dormidos
en las nieblas de mi historia.

Desde su cumbre es delicia
contemplar en derredor
pueblos, bosques, alquerías,
mares de intenso verdor.

Y allá a lo lejos, ya cerca
de tierras de Extremadura,
Peña de Francia en lo alto,
Las Hurdes en la llanura.

Llanada de Salamanca
con sus verdes encinares,
campos pelados, barbechos,
rastrojos y cereales.

Dehesas de mi tierra charra
donde el toro bravo pasta
hierba que ha de ser coraje,
valentía, estampa y casta.

Peñascos de cal que antaño,
cuando mi infancia reía,
se quemaban en "caleras"
¡fuego con sudor: cal viva!

Y en la sombra deliciosa
del pequeño robledal
canta el agua cristalina
al brotar del manantial...

Junto a la Cruz de Cervero
rebosa mi alma de paz
mientras suenan las campanas
en la torre de Escurial.

Pueblo donde vi la luz
tú me haces recordar
mi alegre niñez lejana...
¡Nunca te podré olvidar!

1988

LA FAMILIA

¡La "Montera" ha tenido una niña! ¡La "Montera" ha tenido una niña! Así gritaba la señora Valentina camino del río Huebra, con su barreño de cinc a la cabeza, para lavar las ropas del parto.

La Montera era mi madre, la mujer del Montero como llamaban a mi padre en Escurial de la Sierra por su profesión de guarda forestal. Y la niña, motivo de tal alegría y alborozo, era yo. ¡Cuántas veces me lo contó la señora Valentina mientras cosía en su sillita baja junto a mi madre y demás vecinas en el solano de la plazuela! Y es que mis padres habían tenido anteriormente tres niños de los que sólo vivía Juan, que tenía dos años, (los otros dos fueron muriendo por diversas causas antes de nacer él) por lo que la llegada de la niña a la familia aquel 6 de septiembre de 1942 fue un gran acontecimiento celebrado por todos.

Dos años más tarde, el 2 de noviembre, nacería Feli. La Sierra estaba blanca y, según me contaron, la habían traído de allí, por lo que yo le decía a la gente con mi media lengua que a la niña la habían encontrado entre la nieve y que cuando quisiéramos podríamos ir a buscar más. Casi cuatro años más tarde, el 9 de marzo, llegaron los mellizos y supongo que lo de la nieve ya no valió porque yo tenía casi seis años, pero la alegría fue igualmente grande. Eran niño y niña: Antoñito y Angelines, pero el niño murió con cuatro meses y así quedamos los cuatro hermanos que vivimos hoy.

Por supuesto todos nacimos en casa con la única ayuda de la "partera" del pueblo que era la que asistía todos los partos. Médico también había pero, si todo iba normal, ni visitaba a la madre ni al niño por norma o costumbre ancestral. Cuando nacieron los mellizos Don Juan sí fue por casa, pero después de varios días y con el fin de dar la enhorabuena a la familia por la amistad que tenía con mi padre, con el que siempre que podía jugaba la partida en el único bar del pueblo. Como en Escurial no teníamos otros familiares, pues mis padres eran de Ahigal de los Aceiteros, junto a Portugal, para asistir en los primeros días de cada nacimiento solía venir alguna tía o la señora Antonia, la de Linares, con la que nos unía una gran amistad. Pero quienes estaban siempre dispuestas a echar una mano eran las vecinas: la señora Valentina y sus hermanas que eran "como de la familia".

¡Ah!, uno de los recuerdos que conservo de aquella época es el bautizo de los mellizos ¡tan rumboso! en comparación con los de la mayoría…

Bueno, también recuerdo el entierro de nuestro Antoñito, el mellizo de Angelines…

LA PRIMERA CASA

Vivíamos entonces en el "Barrio de Arriba" y la casa que teníamos en renta era muy humilde. Tenía, como casi todas, un corralón al que se accedía por un enorme portón de madera. Una parte del corral estaba techada y tenía una "tenada" con pesebreras para la yegua, las pocilgas de los cerdos y el gallinero. El resto, delante de la vivienda, estaba sin techar a manera de patio para dar luz a las habitaciones y allí se situaba el gran leñero para abastecer la chimenea, el tendedero de la ropa y, en el buen tiempo, nuestro "cuarto de estar" pues en aquel rinconcito soleado, junto a la puerta del horno que nos surtía de pan, nos pasábamos los ratos jugando mientras mi madre, sentada en una sillita baja, cosía y cosía nuestras ropas con el único sonido de nuestras voces y risas, el ruido de los animales y el zumbido de algún moscardón que nos visitaba de vez en cuando.

Del resto de la casa no recuerdo mucho: Tenía un portalón que daba paso a la cocina con su gran chimenea, a una habitación, la sala, con dos alcobas en las que habíamos nacido todos y en las que seguimos durmiendo la familia al completo durante algún tiempo, y a un cuartito o despensa que servía para guardar los alimentos y para castigarnos cuando nos portábamos mal o cuando no queríamos comer. También desde el portal se accedía al "sobrao" o desván en el que se guardaban los trastos, las comidas del ganado y muchas más cosas. Aquel sobrao comunicaba por una especie de grieta con el de nuestras vecinas y amigas Isabel y Fermina, y recuerdo que una vez, con motivo de la fiesta del pueblo (sería Santa Marina un 18 de julio) como tuvimos forasteros, a los niños nos mandaron a dormir allí arriba, coincidiendo también con las amigas, con lo que nos pasamos la noche de un "sobrao" a otro celebrando a lo grande nuestra "fiesta" particular de juegos, chistes y aventuras inolvidables.

Además de estas amigas y sus padres, y la familia de la señora Valentina, que era con los que más trato teníamos, había también al lado un matrimonio mayor que se pasaba el tiempo dando voces y riñendo por lo que a nosotros nos daba miedo de ellos.

Un poco más lejos, ya fuera de nuestra plazuela, vivía la familia del señor Santiago "Charranga" que eran bastante pobres y apenas tenían para comer por lo que sus ropas estaban llenas de remiendos y jirones, pero este hombre tenía siempre buen humor y se miraba su camisa rota por la que asomaba la "chicha" y exclamaba: "¡Dice la gente que se ve mal, pues yo bien que me veo!". Pasado el tiempo su situación fue mejorando y uno de sus hijos, con ayuda de becas, estudió BBAA y fue profesor y pintor. También vivía cerca, en la otra plazuela la señora Rosa "la Balbinita" a la que recuerdo especialmente porque se dedicaba a hacer fideos. Mi madre la llamaba y venía a casa con su máquina, especie de churrera con múltiples agujeros, le dábamos la harina, el agua y la sal y nos preparaba rápidamente un buen montón de fideos que, tras secarlos al sol sobre una vara como si fueran madejas de lana y desmenuzarlos con las manos, estaban listos para guardarlos en las latas, de las que después se iban gastando para el cocido diario una buena temporada.

En la misma plazuela, cerca de la nuestra, tenía su taller un carretero de los tres que había en el pueblo. ¡Cuántos ratos pasábamos viéndolo trabajar en la confección de sus carros! Allí hacía el trabajo de carpintería y los remataba pintándolos con primorosos dibujos de flores o escenas campestres a todo color así como con el nombre del propietario, el pueblo y la fecha de la construcción. Todo era para nosotros como de magia pero la parte que más nos llamaba la atención era la confección de las ruedas, una parte de las cuales realizaba en las eras. Allí, mediante una gran hoguera, "malvaba" los hierros largos y planos que después, con ayuda de un gran martillo y otras herramientas, iba curvando hasta conseguir el círculo perfecto que, rápidamente introducía en agua para "templarlo" y ya quedaba listo para encajar en él la armadura de madera con sus correspondientes rayos y colocarla en el carro para rematarlo.

Al otro lado de la plazuela vivía la familia de "Los Alegrías" que eran de los más ricos del pueblo. Nos encantaba ir a su casa para hacer algún recado por ver su jardín, siempre bien cuidado, y las pinturas que decoraban el largo pasillo con escenas de caza y paisajes preciosos. Como tenían mis padres buena amistad con ellos, cuando se casó Teresa, nos invitaron a la boda y fui yo en "representación" de la familia. Era muy pequeña y apenas me acuerdo de los detalles pero fue una boda muy "rumbosa" y la única a la que yo asistí en el pueblo.

Junto a ellos había otra familia de labradores "fuertes", "Los Porritas", uno de cuyos hijos era amigo de mi hermano Juan y por eso, cuando compraron la radio, que fue una de las primeras que hubo en el pueblo, íbamos muchas noches a su casa para escuchar el "Parte" y enterarnos de las noticias, a pesar de que en casa siempre tuvimos un periódico que, además de para esto, también tenía otros usos.

Al poco tiempo nos cambiamos a otra casa, en la que ya vivimos hasta que a mi padre lo trasladaron a Alba.

LA NUEVA CASA

Era aquella una casa bastante mejor que la primera. Estaba en el barrio del Humilladero porque un poco más a las afueras se encontraba la ermita del Cristo de la Salud, patrono del pueblo, cuya fiesta se celebraba y se celebra el 3 de mayo. También se conocía el barrio como "Del Pocito" precisamente porque en el huerto, que junto con la casa habíamos arrendado, había un pozo con un agua buenísima con la cual bebíamos y cubríamos todas nuestras necesidades y del que se abastecían también muchos de los vecinos de los alrededores.

La casa constaba del consabido corral, parecido al de la otra, con su portón de madera bastante viejo. Por un roto del mismo se accedía al "postuelo" donde los padres nos dejaban la llave cuando no estaban en casa para que pudiéramos entrar. De todas formas tampoco importaba mucho si algún día no nos la dejaban pues, por debajo de la puerta había un hueco por el que, arrastrándonos "cual sierpes", nos colábamos fácilmente… ¡pobre ropa!

La parte correspondiente a la vivienda era más grande que la de la anterior pues, además del portal, la cocina, la despensa y la salita con la alcoba para dos camas, tenía otra habitación independiente. También había dos cuartos: uno de ellos estaba casi ocupado por el cisco y el "culo" del horno, cuya boca se abría a la cocina, y el otro era la despensa; por supuesto arriba teníamos el correspondiente "sobrao"o desván con unas escaleras tan empinadas que alguna vez las bajamos "rodando" con el "farol"y todo. Y es que allí guardábamos, además de los trastos de uso poco frecuente, el salvado y pienso de gallinas y cerdos, por lo cual cada noche teníamos que subir, con el farol de aceite, porque no había luz en él, y como nos daba miedo de los ratones que allí abundaban, a pesar de los gatos que teníamos, bajábamos lo más de prisa que podíamos y de vez en cuando había algún accidente. Entre los muchos trastos que se guardaban en aquel "sobrao" recuerdo las "varas": dos palos largos, sobre cuatro patas, con un armazón cuadrado que se deslizaba hacia cada lado para que el niño metido en el hueco circular del mismo aprendiera a andar. También, y para el mismo fin, había una "pollera" de mimbre ¡ya más "moderna"! y que era el "taca-taca"de nuestra infancia.

Las paredes de las habitaciones estaban encaladas y cada año para la fiesta se "blanqueaban" o "enjabegaban" primorosamente después de haber "desatado"con agua la cal que salía de las caleras u hornos, que se situaban a las afueras del pueblo, en las que se quemaba la piedra caliza traída de las faldas del Pico Cervero.

Los pisos no eran sólo de barro como en la casa anterior sino de "mazacote"pues al barro le añadían cemento con lo que quedaban más lisos, duraderos y brillantes.

La cocina se cubría con grandes lanchas de pizarra y una de granito sobre la que se colocaba la lumbre alimentada por dos largos troncos a ambos lados, que se iban aproximando a medida que se iban quemando, y otros troncos más pequeños sobre la leña "menuda", toda de encina, con lo que la llama ayudaba a iluminar la cocina y el rescoldo de rojas brasas era continuo. Sobre él se ponía el puchero o el pote con la comida y las trébedes de hierro y la sartén de tres patas para freír… y bajo la ceniza caliente se asaban las castañas y bellotas, las patatitas pequeñas, las manzanas y hasta los chorizos envueltos en papel de periódico que luego quedaba rojo por la grasa… Arriba la gran chimenea lo abarcaba todo y hacía las veces de ventana pues era la única abertura al exterior. En sus negras paredes, llenas de hollín se curaban, colgados de clavos y puntas, los embutidos y jamones de la matanza de cada año. Del centro de ella pendía una cadena de hierro con un gancho, "las llares", donde permanecía siempre colgado el caldero que nos abastecía de agua caliente y que también servía para cocer las comidas de cerdos y gallinas.

A ambos lados tenía unos poyos altos con viejos azulejos de colores que le daban cierto aire señorial y que servían para poner el vaso de porcelana del que bebíamos el agua, el candil para cuando se iba la luz, que era frecuentemente, y cualquier cosa que quisiéramos tener a mano. El mayor inconveniente de la chimenea era que, cuando llovía, caía por ella el agua como en la calle con lo cual teníamos que retirarnos rápidamente para atrás hasta que pasaba el chaparrón. Y es que ¡la cocina era el alma de la casa!: En ella se pasaba la familia casi todo el tiempo, alrededor del fuego, sentados en las sillas bajas "de enea"o en los tajos de madera. Allí cosía o hacía punto mi madre, a la luz de la bombilla o del candil, si faltaba la luz. Ella hacía nuestros vestidos y ropa interior, las camisas y calzoncillos de mi padre y mi hermano, las sábanas… Para ello compraba los retales a la señora Dolores, que con su mula venía desde Linares y con una gran cesta de mimbre repleta recorría las casas ofreciendo su mercancía. También tejía primorosamente el punto para hacernos jerséis y calcetines o remendaba lo que cada día rompíamos. Mientras tanto, los niños leíamos los pequeños cuentos de "Calleja" (El hambre de un millonario, Villena y Tintirintín…) o La buena Juanita, o "Amicis Corazón", como nosotros conocíamos a "Corazón" de Edmundo de Amicis, o aquel Quijote que nos habían dado en la escuela porque le faltaban las pastas y varias hojas. Otras veces hacíamos cuentas y problemas o jugábamos con aquel rompecabezas de mapas que tantos años nos duró o hacíamos muñecas de trapo a falta de otras…Y allí, junto al fuego, se secaba la ropa lavada cuando corría prisa o la que mi padre traía calada cuando venía por las noches de la Sierra, especialmente el grueso capote de lana que le resguardaba del frío y la lluvia en sus recorridos sobre la yegua y que, cuando se empapaba, tardaba tanto en secarse. Y allí, al amor de la lumbre, empollaba la gallina sus pollitos…

En la sala teníamos una mesa-camilla con seis sillas alrededor, la cómoda con la ropa y la máquina de coser. Allí era donde se comía el día de la fiesta, cuando había forasteros pues normalmente lo hacíamos en la cocina.

En esta sala estaba la alcoba con dos camas: en una dormían mis padres y en la otra Feli, Angelines y yo, dos en la cabecera y otra a los pies, cuando éramos pequeñas y Juan dormía en la otra habitación. Más tarde me trasladaron a mí a la despensa. Me colocaron allí una cama "turca" (dos burrillas con unas tablas y un jergón de paja de maíz) rodeada por la mesa con el torno y la artesa de amasar en la que se conservaban los panes, las ollas de quesos en aceite y de aceitunas procedentes de Ahigal y, colgando del techo, manojos de embutidos y membrillos. A pesar de todo yo dormía allí tan ricamente. Bueno, recuerdo una vez en que se me cayeron encima unos membrillos con el consiguiente susto. Otra noche tenía tanto frío que me fui congelada a la cama de mis hermanas y, sin decir nada, me colé entre las dos por lo que me echaron de allí ¡a cajas destempladas! Entonces me acurruqué en la alfombra y se ve que les dio pena y me admitieron en su cama donde entré en calor y pasé aquella noche.

En el portal de la entrada estaba nuestro "cuarto de aseo": un palanganero con su palangana con la toalla colgada a un lado, un espejo pequeñito en la pared y una bolsa bajo él donde se guardaban los peines. Para otras "necesidades" debíamos ir a la cuadra de los cerdos o a la trasera de las pesebreras donde comía la yegua que era tan dócil que no se inmutaba aunque la molestáramos.

Con todo, lo mejor de la casa estaba fuera de ella ¡era el huerto! Estaba a unos 20 metros y, como pertenecía a los mismos dueños, nos lo habían alquilado con la casa y con un pajar que había enfrente en el que mi padre guardaba el heno para la yegua.

El huerto era pequeño, no tendría más de 200 m cuadrados, pero era "el paraíso" de la familia. Allí teníamos de todo y pasábamos en él gran parte de nuestro tiempo. Estaba rodeado por una pared de piedra muy antigua, alta y sólida, que le daba gran intimidad y se accedía a él por una puerta de madera que se candaba con un candado metálico. A la derecha de la entrada había un pequeño valle cuidado con mimo que utilizábamos para solear la ropa pero sobre todo para sentarnos sobre la hierba o en un tablón que a modo de banco se apoyaba en la pared, para coser, hacer punto o simplemente tomar el sol a la brigada bajo los cuidados geranios que, colocados en una tabla en la parte alta, lucían sus flores multicolores durante gran parte del año. Pero sin duda lo que más nos gustaba a nosotros los niños, era tumbarnos y darnos vueltas "pinetas" en el césped.

Cuando hacía calor ya estaba el viejo peral bien poblado para protegernos con sus flores y sus hojas y para degustar las riquísimas peras de agua con que cada año nos obsequiaba. Bueno, además del peral, había en el huerto dos ciruelos y un membrillero. En un rinconcito, junto al valle, tenía mi padre el semillero en el que graneaba lechugas, zanahorias, tomates, pimientos y cebollas que luego transplantaría a los canteros, trabajados con mimo y bien abonados para que, con las patatas, fréjoles, repollos y otras hortalizas abastecieran nuestro puchero casi todo el año. Todo esto era posible por la abundancia de agua que manaba en el pozo. ¡Ah, el pozo: "El Pocito" era el alma del huerto! Para sacar el agua teníamos un viejo cigüeñal con una herrada de cinc que vaciábamos en una pila de granito, de una sola pieza, en la que lavábamos la ropa, con el lavadero y la tajuela de madera. De esa pila salía una regadera que conducía el agua a los distintos rincones del huerto. Era aquella un agua buenísima que brotaba directamente de las peñas del fondo y de ella bebíamos no sólo nuestra familia sino muchas otras familias del barrio cuyas mujeres se acercaban con frecuencia para llenar sus cántaros y botijos. Y es que raro era el verano en que se agotaba ¡y muchas veces rebosaba el agua que corría libre y abundantemente! A la vera del pozo florecía un seto de rosales y en la ladera crecían las plantas de fresas que, al llegar el verano, nos ofrecían su riquísimo fruto…

¡Qué nostalgia al recordar todo esto! Y ¡qué tristeza cuando, hace algunos años, volvimos para visitarlo y lo encontramos en un estado de abandono y olvido deplorable!

Tenía la puerta desvencijada, estaba lleno de maleza y del cigüeñal apenas quedaban restos. Solamente la recia pila de granito permanecía intacta como mudo testigo de aquellos tiempos tan felices y lejanos, ¡ah! y en el viejo peral, entre las escasas hojas de sus ramas descuidadas, aún se podían distinguir algunas peras. Tomamos con cariño algunas de ellas y, degustándolas con fruición, nos alejamos calle abajo.

Los vecinos de aquella casa eran también muy familiares y nos apreciaban mucho.

Enfrente vivía un matrimonio de ancianos (los del poema "El espíritu de la Navidad") que no tenían hijos y nos ayudábamos mutuamente en las matanzas y siempre que hiciera falta. Pared al medio vivía "Liecer" (el señor Eliecer) un solterón solitario, introvertido y desaliñado que siempre estaba trabajando en las tierras o cuidando el ganado. Llevaba la barba de varios días y tan negra que imponía un poco, pero cada vez que amasaba su pan nos hacía un bollito, para cada uno de los hermanos, con chorizo dentro que nosotros agradecíamos mucho. Algunas veces pasaba ante el "solano" donde hacíamos la tertulia los vecinos, montado en su burro "a pelo" mientras comía su mendrugo de pan con tocino, navaja en mano y apenas decía nada, pero otras veces, sobre todo cuando en las noches de verano estábamos al "serano", se paraba un poco a charlar con la gente mientras entraba de vez en cuando al corral para "apajar" las vacas. Esto lo hacía alumbrándose con un candil de petróleo porque, cuando pusieron la electricidad en el pueblo, le colocaron en un prado suyo un poste y le sentó tan mal que prometió no meter en su casa la luz "en venganza". (Después de venirnos nosotros a Alba prendió fuego a la casa, por un descuido, según nos contaron con el consiguiente susto para todo el vecindario). Junto a Liecer vivía una familia, la del señor Felipe y la señora Veneranda con 6 hijos, algunos de nuestra edad, con los que jugábamos mucho tanto en una casa como en la otra sobre todo al escondite por los corrales entre la paja y el heno. ¡Qué aventuras y cómo nos divertíamos juntos! Eran muy humildes y recuerdo a la hija mayor, Violante, siempre zurciendo los calcetines de todos con un huevo de madera y con una perfección que daba gusto verlos. Una vez se acercó la madre a nuestra casa pidiendo por favor si le podíamos prestar un duro porque uno de los hijos iba fuera a ver la novia y no tenía dinero para darle…

Detrás de la nuestra había una casa deshabitada en la que los dueños criaban conejos. Una noche nos dieron un buen susto pues, como la pared medianera era de adobes, hicieron una hura y se metieron en la alcoba por debajo de la cama despertándonos a todos sobresaltados.

Al lado de esta casa, ya cerca de la ermita, vivía un zapatero con su familia que también era numerosa. Los niños pequeños comían muchas veces en nuestra casa pues, a pesar de que el zapatero iba por las casas arreglando el calzado y se le "mantenía", apenas sacaba para malvivir. Un día, tan roto llevaba el vestido la pequeñita, que cogió mi madre una camisa vieja de mi padre y con la parte de la "pañaleta" que era la que estaba menos gastada, se puso a la máquina y, cuando la niña volvió a su casa, llevaba vestido nuevo y ¡tan guapa!

Un poco más allá del huerto, ya a las afueras, vivía la señora Isabel "la sorda" ante cuya casa había una hermosa "morala" (morera) que daba unas moras riquísimas. Cuando estaban maduras caían al suelo y las cogíamos pero, a veces, no nos conformábamos con esas y tirábamos piedras para que cayeran más y, era entonces cuando la mujer se asomaba a regañarnos amenazante porque más de una vez llegaban las piedras a su casa, y nosotras teníamos que salir "pies para qué os quiero".

Cerca de ella vivía una "curandera", que no era propiamente tal, pero que hacía algunas pócimas con las que remediar ciertos males, para lo cual se valía sobre todo de unos gusanos blancos y gordos que buscaba en los "mudarales" y que luego freía y transformaba en "medicina". Esta mujer, la señora María la del "señor Tino", era tan pobre que iba algunas veces a casa a pedir trapos blancos de sábanas viejas para hacer morcillas. Cosía las telas a modo de tripa y cuando le daban la sangre de alguna matanza hacía unas cuantas, cociéndolas en su caldero y, cuando ya estaban listas para comer, nos llevaba alguna en agradecimiento… ¡y estaban riquísimas!

Todos estos vecinos vivían en torno a un pequeño prado, "El prao de los Álamos" que, como su nombre indica, estaba rodeado por el interior de la pared de piedra, de estos árboles altos y esbeltos que cuando hacía viento producían un característico zumbido que nosotros oíamos desde nuestra casa y que a veces, sobre todo en las noches de invierno, nos producía un poco de miedo.

LA IGLESIA

La iglesia nos quedaba un poco lejos de casa pues estaba a las afueras del pueblo, justamente al lado opuesto. Para ir cada domingo a misa, y muchos días al rosario y otros cultos, debíamos bajar la cuesta de casa, atravesar la carretera, pasar el pilar de la Calleja y el puente del Río Chico y, por último, subir otra cuesta más larga y bastante empinada que nos llevaría a lo más alto del pueblo donde estaba la iglesia. Teniendo en cuenta que las calles eran de tierra y con bastantes piedras costaba bastante andar por ellas sobre todo cuando, ya en los últimos años de vivir allí, nos poníamos zapatos de fino tacón que con frecuencia se nos quedaban sin tapas y destrozados. Por esta situación la iglesia era visible desde cualquier lugar y sus campanas, a las que se accedía desde el exterior por recia escalera de granito, se oían perfectamente. Éstas se utilizaban principalmente para llamar a los fieles a la misa de cada domingo. El toque era así: primero repicaban durante un buen rato, luego sonaban las tres, las dos y "las todas"; por último, cuando ya subía el sacerdote al altar, tocaba la una que era la señal del comienzo. Pero las campanas tenían otros muchos usos…

La iglesia era de buena fábrica, casi toda de granito y bastante grande. En la fachada delantera tenía un gran cancel sujeto con fuertes columnas que nos resguardaban de los rigores de la sierra vecina. Allí nos reuníamos hasta el momento de entrar y, mientras los mayores hacían su tertulia, los niños correteábamos entre las columnas y nos subíamos al gran poyo de piedra que recorría la pared.

El interior tenía tres naves separadas por enormes arcos. El retablo principal era de un color grisáceo con varias pinturas, apenas perceptibles por su deterioro pero de bastante valor según "los entendidos". Los laterales yo creo que carecían de importancia pero en uno de ellos se ponía el Monumento del Jueves Santo con aquellos telones antiquísimos decorados con borrosos dibujos, las lamparillas que cada familia llevaba y algunas naranjas y limones que, a falta de flores, daban color y alegría al conjunto. En la parte de atrás estaba "la tribuna" (el coro) desde el que cantábamos la Misa de Ángelis en las grandes solemnidades y desde donde normalmente oían la misa los hombres. Era curioso ver cómo, cuando los monaguillos pasaban por debajo con los cestos, comenzaban a tirar sus monedas desde lo alto con el consiguiente ruido y las carreras de los monaguillos para poder recogerlas todas. Las mujeres, cubiertas con su velo negro o pañuelo, se situaban abajo, cada cual en su "reclinatorio" y siempre en el lugar de costumbre. Recuerdo a mi madre, rodeada de niños, sacando del bolsillo algún trocito de pan o alguna galleta para entretenernos y que no diéramos guerra y a la "secretaria", que siempre permanecía de rodillas quieta como una estatua lo cual, a nosotros los niños que no podíamos parar, nos llamaba poderosamente la atención.

Como las misas eran en latín y no entendíamos nada nos aprendíamos las contestaciones de memoria sin saber lo que decíamos, pero además disponíamos (no todas) del misal en castellano que íbamos leyendo a la vez. Las que no tenían misal o no lo llevaban se solían pasar el tiempo rezando rosarios u otras oraciones que supieran.

Para las grandes celebraciones, las fiestas del pueblo Santa Cruz y Santa Marina, solían venir otros sacerdotes y entonces se tenía la solemnísima "misa de tres". En los funerales se ponía en medio "el catafalco" cubierto de negro con la "manga" de luto rematada con la Cruz a la cabecera y, a ambos lados, se colocaban el párroco (muchos años lo fue Don Lázaro, que preparó a Juan para el Seminario, al que asistía Ricarda) y el sacristán cantando solemnes ¡y larguísimos! Misereres y "Reginjonias" (díes ile díes ire…) que a la gente menuda nos cansaban y daban un poco de miedo…

¡Ahora que para miedo aquella tormenta…! Se había hundido la bóveda central de la iglesia pero, a pesar de ello, se seguían celebrando los cultos en la parte de atrás con el altar bajo el coro y "a cielo abierto". Era ya tarde y estábamos rezando el rosario cuando de pronto se puso oscurísimo y se presentó una gran tormenta. A oscuras como estábamos, pues se fue la luz, los relámpagos iluminaban el recinto y los truenos resonaban entre los muros amenazantes. Empezó a llover con fuerza y el agua corría bajo nuestros pies calándonos y dejándonos helados. Los llantos se desataron y aquello parecía una "película de terror" (nosotros no sabíamos lo que era el cine). Pasada un poco la tormenta nos dispusimos a salir para irnos a casa pero, al llegar al puente del río Chico, el agua lo rebasaba y no podíamos pasar. Al otro lado estaban varios padres que salían en nuestra busca y que nos tranquilizaron a distancia y nos dijeron que nos metiéramos en casa de una amiga que vivía allí cerca y que, cuando bajara el agua, nos irían a buscar. Así lo hicimos pero el susto que pasamos fue mayúsculo.

El lenguaje de las campanas

Como cada año transcurre lentamente el mes de noviembre, mes de difuntos, y aún resuenan en mis oídos los ecos de las campanas que en mi infancia me sobrecogían en la noche lúgubre de Todos los Santos.

Los mozos del pueblo se subían al campanario y allí permanecían la noche entera bajo las campanas "haciendo señal" con el toque de difuntos para recordarnos que nuestro fin terreno llegaría algún día. Claro que, lo que para nosotros los niños era algo triste y hasta nos producía cierto miedo, para ellos, los jóvenes, era como una fiesta o al menos en eso lo convertían: Hacían una gran hoguera en lo alto del campanario y en ella asaban castañas y chorizo que degustaban en "amor y compañía" bien regado con el vino que, a chorro, caía dc la bota correspondiente; así, a la par que se quitaban el frío, que realmente era ya intenso por esas fechas, se pasaban la noche estupendamente entre chistes y risas.

Las campanas para la gente del pueblo eran algo fundamental, entrañable y familiar pues tenían un lenguaje propio que todos, chicos y grandes, sabíamos interpretar a la perfección.

Su misión principal era convocar a los feligreses para la misa del domingo: Lo primero que se escuchaba era el alegre "repicoteo" de las dos campanas, la gorda y la chica a la vez, durante un buen rato: ¡Ya repican, vamos a arreglarnos! —decía mi madre— y todos nos apresurábamos a ponernos la ropa "dominguera". Luego, a intervalos regulares, daban las tres, las dos y las todas; en ese momento los que se habían retrasado aligeraban el paso hacia la iglesia y los que esperaban a la puerta dejaban la conversación y entraban en el templo ocupando sus sitios de costumbre: los hombres en la parte de atrás o arriba en lo alto de "la tribuna" (el coro) y las mujeres delante, en el resto de la iglesia, de rodillas sobre sus reclinatorios de madera y tras "el hachero" con sus velas encendidas. Por último sonaba "la una" y el sacerdote hacía su aparición para comenzar la ceremonia.

Otro toque diario era "el toque de oración" que sonaba a las 12 de la mañana y al anochecer. Al escuchar el de la mañana se rezaba "El ángelus" y cuando sonaba el de la tarde era la hora de recogerse en casa (era nuestro reloj) ¡y pobre del que no lo hiciera!...

Nosotros vivíamos lejos de la iglesia, a "la otra punta" del pueblo, pero hasta allí llegaba claramente el sonido de las campanas. Cuando se escuchaba fuera de las horas habituales, invariablemente decía mi madre: ¡Tocan las campanas, escuchad! Entonces salíamos corriendo al corral o a la calle para ver de qué se trataba, pues según la forma del toque podía significar distintos avisos ¡Es "una orden"! y entonces aguzábamos más el oído para enterarnos bien del mensaje: "De parte del señor alcalde..." —gritaba el alguacil desde lo alto del campanario— y daba el aviso correspondiente relativo al ganado, las tierras, los trabajos, el agua... Cuando los avisos eran particulares, el cacharrero o el trapero que se establecían en la plaza, los serranos que recorrían las calles con sus mulos cargados de fruta para vender su mercancía...entonces el alguacil, previo pago, recorría el pueblo y se paraba en cada plazuela o altozano haciendo sonar con fuerza su "bocina" dorada (y bastante abollada) para pregonar seguidamente el acontecimiento de que se tratara.

Otras veces el sonido de las campanas nos alarmaba sobremanera:

era un toque rápido y continuado, el toque de arrebato por fuego o alguna otra desgracia a la que había que atender con urgencia y todo el pueblo se ponía en marcha. Bueno siempre había algún remolón… Una vez estábamos nosotras cogiendo manzanilla en la dehesa y tocaron "a fuego". Entonces dejamos todo y echamos a correr hacia el pueblo como la mayoría de la gente. Por el camino vimos a unos que estaban segando y se lo dijimos; "Ahora vamos para allá" —dijeron— pero continuaron con su tarea hasta que vinieron a buscarlos ¡el fuego era en su casa!

Años más tarde, ya en Alba, continuamos oyendo variados toques de campanas (de muchos de ellos podrían contarnos Nacho y Miguel que, en sus tiempos de monaguillos, pasaron sus aventuras en la torre de San Pedro…). Algo curioso era que, por el número de campanadas finales del toque de difuntos, se sabía si se trataba de un hombre o una mujer. Pero lo más típico de aquí, que se perdió hace tiempo y es una pena, era el toque del "reló suelto". Estaba en la iglesia de Santiago y, sobre todo para anunciar las fiestas, sonaba alegremente durante un buen rato. También avisaba de los fuegos como cuando el del Cobachón (la casa de los Redoblas de Carlos III) o el de la casa de tía Carmina y tío Román de Manterola.

Bueno, también es recordado con frecuencia el toque frenético de las campanas de varias iglesias a la vez que, hace 30 años (mayo del 82), alarmó y puso en movimiento a toda Alba: ¿Qué fuego o catástrofe estaría ocurriendo? Pues algo peor para los albenses. ¡Que nos roban a Santa Teresa! —gritaban las gentes por las calles mientras corrían hacia la iglesia de Las Madres—. No había tal: la visita del papa Clemente, malas interpretaciones, ánimos exaltados…Un episodio que dio la vuelta al mundo y que es más bien para olvidar.

Aquí, en Alba, por suerte, se pueden oír aún con frecuencia las campanas aunque, con las modernidades de la electrificación, han perdido gran parte del encanto que tenían… En otros muchos lugares su lengua de bronce ha enmudecido para siempre: ¡Que si la contaminación acústica, que si molestan a algunos…! ¡Una verdadera pérdida!

Alba de Tormes, noviembre de 2012

LA ERMITA

Al otro lado del prado de los Álamos, muy cerca de nuestra casa, estaba la ermita del Humilladero que acogía en su interior una imagen antiquísima del Cristo de la Salud, patrono de Escurial. Era un templo pequeño y pobre. El piso era de barro (como muchas de las casas en aquella época). Tenía un reducido altar en el que de vez en cuando se ofrecían rosarios y misas por encargo para encomendar el alma de algún difunto, pedir ayuda en alguna necesidad urgente o en acción de gracias por favores recibidos. Al toque de la pequeña campanilla acudía la gente (las mujeres tocadas con su velo o pañuelo) y, tras encender alguna vela o cirio en el candelero o hachero que había cerca del altar, se acomodaba en los rústicos reclinatorios o banquetas dispuestas al efecto y desde allí participaba con gran devoción en los rezos correspondientes. Vísperas de Santa Cruz, el 3 de mayo, que era la fiesta mayor, se trasladaba la imagen hasta la iglesia en la que se le hacía un novenario y el mismo día de la fiesta, después de la misa, se devolvía en solemnísima procesión a su ermita.

LA ESCUELA

Había en Escurial cuatro escuelas: dos de niños y dos de niñas. Las de las niñas estaban a un lado de la plaza mayor y las de niños al otro lado de la carretera, junto al Ayuntamiento. Por lo tanto nuestros recreos transcurrían en la plaza y calles cercanas por las que nos alejábamos haciendo saltar y golpear la "chirumba" o con "el hilo negro" (escondite) corriendo a la vez que gritábamos dando pistas: "¡Hilo negro, por la calle La Cilla…! Más de una vez, en nuestro afán de que no nos encontraran, nos escondíamos tanto que se nos pasaba el tiempo y, cuando queríamos regresar a la clase, ya habían entrado hacía rato en la escuela y recibíamos el castigo correspondiente: ponernos las últimas en la fila, permanecer un buen rato de rodillas etc. Me viene a la memoria cuando, inconscientes como éramos, nos metíamos en una bodega subterránea y completamente oscura a la que bajábamos a tientas y de la que nunca descubrimos el contenido. Bueno, lo de perder el puesto no nos preocupaba mucho pues al día siguiente lo podíamos recuperar en la fila de las preguntas del catecismo o de otras materias que nos hubieran mandado estudiar.

En aquellos años había clase hasta los sábados y descansábamos la tarde del jueves. Por las mañanas, tras haber rezado las oraciones correspondientes, aprendíamos a leer con la "cartilla de Rayas" y las operaciones matemáticas fundamentales. Más tarde dábamos las lecciones de la Enciclopedia de Dalmau Carles y de Álvarez en las que se trataban todas las materias. Las primeras letras y números las aprendíamos a base de practicar con la"pizarra y el pizarrín" y borrar muchas veces con el trapito, mojado con saliva, que llevábamos sujeto con una cuerda a la pizarra. Luego ya comenzábamos a escribir en el cuaderno (de papel áspero y moreno) primero con lápiz y más tarde con pluma que mojábamos en el tintero que teníamos en cada banco o pupitre; la tinta la hacíamos de vez en cuando con agua y unos polvos que disolvíamos en una botella de cristal para ir llenando los tinteros a medida que se iban gastando. Por supuesto que esto de la tinta nos daba no pocos disgustos pues, al menor descuido, se derramaba por el suelo o nos caían borrones en el cuaderno a pesar del "papel secante" que continuamente usábamos para que la tinta no se corriera. Pintábamos nuestros dibujos, que a veces calcábamos, con las pinturas de "Alpino" que nos echaban los Reyes y, además de los temas de las materias correspondientes que resumíamos en los cuadernos, hacíamos muchos dictados (llegábamos a poner muy pocas faltas de ortografía) y resolvíamos operaciones y problemas sobre todo del Sistema métrico y de "las cuatro reglas": De tres, de interés, de compañía y de aligación (no recuerdo cómo era ésta). También dejábamos constancia en nuestros cuadernos de las distintas conmemoraciones tanto religiosas como políticas del día: El Corpus, La Inmaculada… El Día de la Victoria, El día de los caídos, El 18 de Julio…Nos aprendíamos cantidad de cosas de memoria tanto de Geografía e Historia como de Ciencias, además de poemas, refranes etc.

Las tardes, invariablemente, las dedicábamos a la costura: hacíamos peinadores y bolsas de peines y del pan, "cubrevasos", delantales… y bordábamos sábanas, mantelerías, largos tapices para resguardar la pared de la cama como el que aún conservamos, hecho a punto de cruz sobre tela de los sacos de azúcar previamente blanqueados, a base de días de "soleo". Es de destacar que, cuando hacía bueno, sacábamos los bancos a la calle y, allí en la plazuela, nos pasábamos la tarde cosiendo y charlando al sol "tan divinamente"

Uno de los recuerdos más entrañable de la escuela de aquella época era la estufa. Como la única calefacción era el brasero de la maestra, nosotras llevábamos nuestra estufa individual. A los niños más pudientes les compraban unas estufas rectangulares muy "chulas" con su tapadera llena de agujeritos, sus tablillas encima para poder poner los pies sin quemarse y un asa, que también tenía madera en medio, para poder transportarla. Pero la de la mayoría era "casera". Los padres la confeccionaban con una lata redonda del escabeche a la que ponían un asa larga de alambre y, sin más protección nos la llenaban de brasas de la lumbre, a veces con un poco de "cisco" para que durara más y, cada día del invierno, salíamos de casa con "el cabás" de madera en una mano y la estufa en la otra. Era muy divertido, durante el camino, ir dándole vueltas vertiginosas a las estufas para que, con el aire, se encendieran bien (más de una vez se echaban a arder con el consiguiente regocijo y no poco peligro para el dueño y los de alrededor)

Una de las actividades que a lo largo del curso hacíamos era el teatro "las comedias" en las que representábamos pequeñas obritas con su "sainete" correspondiente y con poesías, sobre todo de Gabriel y Galán (desde entonces me sé yo "Mi Vaquerillo" y parte de "El Ama") y trozos de zarzuelas como "Las espigadoras" y chistes y canciones… Las hacíamos en el salón del baile y los padres preparaban el tablao del escenario para que posteriormente las madres hicieran paredes y telones con sábanas y colchas que cada cual traía de casa y decorados con mantones "de Manila" o pañuelos "de merino". Cada espectador llevaba la silla de su casa y, aportando unas "perrillas" casi siempre "la voluntad", presenciaban el espectáculo que era para el pueblo un gran acontecimiento. Con los fondos que se conseguían nos hacíamos una merienda o, muy rara vez, una excursión como cuando fuimos a La Peña de Francia en aquel camión… En una ocasión nos prometió una maestra hacer "una paella" pero, los tiempos eran difíciles, ella tenía poca paga y nueve hijos, el marido era "aviador" (aviaba el puchero), total que lo poco que sacáramos le vendría tan bien que nos quedamos con las ganas de comer la paella… ¡eran fuerzas mayores!

Lo que sí hacíamos casi todos los años al finalizar el curso era subir al Pico Cervero. Cogíamos nuestra merienda y, caminando, llegábamos a lo alto desde donde contemplábamos el maravilloso paisaje (Las Hurdes, Campo de Salamanca…) jugábamos un rato, merendábamos y regresábamos cansados pero felices.

Las maestras las recuerdo con mucho cariño especialmente a dos de ellas: Doña Eugenia, la de los pequeños, que supo sembrar en nosotras los conocimientos básicos y Doña Domi, la de las mayores y que incluso nos preparó de ingreso y primero de Bachillerato. Doña Eugenia era ya mayor, su pelo lucía unas canas muy limpias y cuidadas, pero tenía un estilo tan natural (no se pintaba) y un olor tan especial que me encantaba. Era muy religiosa y una vez por semana, al salir de la clase de la tarde, nos llevaba hasta la iglesia para realizar una visita al Santísimo. Un día en que ella no pudo ir con nosotras decidimos ir solas. Pedimos la llave y allá que nos encaminamos con la mejor voluntad pero… ya dentro de la iglesia cogimos los reclinatorios que más nos gustaron y, poco a poco, nos fuimos acercando al altar a ver quién se ponía más adelante; luego nos subimos a "la tribuna" (el coro) y estuvimos cantando un rato. Por último rematamos nuestra "visita" entrando a la sacristía y sacando de los cajones una casulla y un manto de la Virgen que nos pusimos como si estuviéramos haciendo teatro. Como Doña Eugenia se enteró rápidamente, no sabemos por quién, al día siguiente nos tuvo toda la mañana de rodillas y nos hizo pedir perdón a la Virgen en voz alta con la consiguiente "rechifla" del resto de las compañeras. ¡Ah! y, enterados los padres, nos dieron nuestro merecido.

Después tuvimos, por menos tiempo, a Doña Juanita y Doña Mercedes. Las dos cantaban divinamente y junto con Mari Luz, hermana de Don Alipio el cura, nos pasábamos muchas tardes con ellas cosiendo en un huerto que había al lado de la casa donde estaban "a pupilo" y allí aprendimos cantidad de canciones como "¿Dónde vas Alfonso XII?" y otras por el estilo. Por cierto, con ellas y otras amigas fuimos un año en burro a la fiesta del Cristo de Cabrera y lo pasamos estupendamente.

Doña Domi era de Escurial y toda su vida vivió y ejerció allí. Recuerdo su boda con Don Adelio, que era de Navarredonda y también maestro de Escurial, el nacimiento de sus hijos, alguno de ellos cuando nos preparaba para el Instituto, su forma tan clara de explicar, su eficacia en el trabajo…Tengo muy buenos recuerdos de ella y le estoy muy agradecida pues a ella le debo, junto con mis padres, gran parte de lo que he sido y soy. Aún vive y, no hace muchos años, la acompañamos en la fiesta de su Jubilación con gran alegría por ambas partes (asistimos cuatro maestros, Antiguos alumnos) y fue un día inolvidable. Este último verano, en nuestra visita al pueblo, volvimos a verla y recordamos juntas muchas anécdotas y "batallitas" de nuestro paso por la escuela[1].

En general los maestros de aquella época, al igual que los padres, eran bastante estrictos y recurrían a menudo a variados castigos: un cachete, un tortazo, un tirón de orejas, ponernos de rodillas, atrasar puestos… Una vez hasta nos echaron a algunas de la escuela. Entonces nos fuimos a La Calleja a coger moras

---

1   Estoy terminando este capítulo en septiembre de 2011 y ya hace unos meses que murió Doña Domi. D.E.P.

pensando, incautas de nosotras, que así no se enterarían nuestros padres pero, cuando llegamos a casa ya lo sabían, lo que nos supuso un mayor castigo pues los padres apoyaban ciegamente a las maestras y nunca les quitaban autoridad. La verdad es que nosotras, yo en particular, éramos bastante trastas y nos merecíamos eso y más, cosa que siempre reconocimos y nunca nos causó el menor "trauma". A pesar de ello queríamos mucho a nuestras maestras y ellas a nosotras pues colaborábamos en todo lo que nos mandaban y nuestro nivel era de los mejores. Hablo en plural porque nuestra pandilla, sobre todo Ángeles Regalado y yo, que éramos como hermanas, formábamos una piña tanto para picarnos por el primer puesto como para hacer las travesuras.

Yo creo que, ya de muy pequeña, se me despertó la vocación aunque no entendiera muy bien lo que significaba ser maestra y, una vez que me preguntaron por qué quería ser maestra de mayor, contesté: ¡Pa pegar a los muchachos!.. Y por otra parte cuando preguntaban a mi padre qué carrera íbamos a estudiar decía: "la más corta"

Los tiempos eran difíciles, los ingresos de la familia escasos y por eso, en casa, nos advirtieron bien claramente que no nos podíamos permitir el lujo de repetir curso y por tanto, si no estudiábamos en condiciones nos tendríamos que ir a servir, pues era la única salida que nos quedaba… Gracias a sus sacrificios, a los nuestros y a la ayuda de Dios pudimos hacer realidad nuestro sueño.

Gracias, Doña Domi

Aunque hayan transcurrido tantos años
y mi niñez se encuentre ya lejana,
aunque la vida me llevara lejos
y otras vivencias el alma me marcaran,
jamás podré borrar de mi memoria
el recuerdo de aquella que forjara,
con mis padres, los sólidos cimientos
de mi cultura y de mi Fe cristiana.

Por eso, al llegar este momento,
no he querido, Doña Domi, que faltara
mi gratitud ferviente y mi cariño,
mi deseo de salud y vida larga,
para poder disfrutar junto a los suyos
cada minuto de esta nueva etapa.

Y al pedir al Señor por todo esto
quiero pedir también esta otra gracia:
"¡Que seamos nosotros, con su ejemplo,
sembradores de luz y de esperanza!"

Este poema se lo dediqué y leí en la fiesta de su jubilación.

Noviembre de 1990

LAS COSECHAS

En aquel pueblo, Escurial, como en otros muchos del entorno serrano, la agricultura era en su mayoría de pura subsistencia. En gran parte de los casos no cubría las necesidades básicas y había gente que, durante aquellos años (40 y 50) que son los que yo recuerdo, lo pasaron bastante mal. Casi todas las familias disponían de pequeños huertos de regadío, a las orillas del río Grande, el Huebra, nacido en las faldas del Pico Cervero. Con frecuencia se secaba en verano o el caudal era muy escaso y se iba recogiendo el agua en pozas que se vigilaban noche y día por los interesados, "cuidar el agua de la Duda" para evitar que el "espabilado" de turno se adelantara y regara su huerta sin tocarle. Allí se cultivaban patatas, tomates, fréjoles, lechugas, berzas… Bueno, las berzas, que eran muy importantes tanto para la alimentación de personas como de animales, a veces se plantaban en secano con lo que esto suponía de trabajo extra para transportar el agua del riego, los primeros días, con las aguaderas de mimbre sobre el burro, el que lo tenía, que llevaba 4 cántaros a la vez o, como en nuestro caso, portando el cubo de la mano y el cántaro al "cuadril" o a la cabeza en interminables viajes a la fuente, el pozo o el río.

También en tierras de secano se cultivaban los cereales: algarrobas, cebada, centeno (en las tierras más pobres) y sobre todo trigo, fundamental en aquellas familias en las que, muchas veces, era el pan la base de la alimentación, lo cual no significaba que se pudiera comer todo lo que se quería…

Nosotros teníamos arrendados 2 ó 3 "canteros" en una huerta del Cahozo Hondo (Ver el capítulo de Lugares) y, algunos años, arrendábamos también una "tierra" para plantar las berzas, pero lo que más "mimábamos" era el Huerto del Pocito que lo utilizábamos como una segunda casa y "finca" de recreo pues en él pasábamos muchas horas.

En cuanto a cereales, solamente sembrábamos un poco de trigo en una parte de "La Hoja" que el Municipio cedía a los vecinos de las tierras comunales. Creo recordar que nos correspondía como una "fanega o huebra" de terreno pero, que si el tiempo venía normal, teníamos suficiente para hacer el pan de todo el año. La tierra la preparaban los hijos del Señor Montes y del resto de las faenas se encargaba padre. Bueno, cuando llegaba el momento de recoger la cosecha participábamos todos. Para la siega acompañábamos a padre y madre Juan y yo. Ellos llevaban dos surcos cada uno y nosotros uno; cuando ellos llegaban al final de los suyos regresaban con los nuestros hasta que nos encontrábamos. Luego "atábamos" las gavillas en haces (con el centeno que crecía entre el trigo que era más largo y más dócil) y por último amontonábamos los haces en "hacinas" para cargarlas más cómodamente en el carro y llevarlas a "las eras". En el "acarreo" las vacas tiraban pesadamente del carro que, por el gran volumen de haces que llevaba y el estado calamitoso de los caminos, más de una vez volcaba con el consiguiente trastorno y pérdidas que ocasionaba. El último año de nuestra estancia en Escurial, como padre ya estaba en Alba, tuvimos que segar y recoger "la cosecha" nosotros solos. No sé si fue ese año o el anterior cuando me corté la yema del dedo meñique con la hoz pero lo curioso es que yo no noté nada hasta que vi sangre fresca en el suelo y le dije a Juan: ¡Oye!

¿te has cortado? Y me contesta: ¡Pero si eres tú, mira cómo tienes la mano de sangre! (luego ya me empezó a doler…)

Una vez el cereal en las eras, se desataban los haces y se extendía "el bálago" en forma de círculo "la parva" para la trilla. Esta tarea se realizaba generalmente con una pareja de vacas (o más si la parva era grande) que arrastraban un trillo de madera. Éste estaba cubierto por debajo de "pernalas", piedras de guijarro debidamente talladas y aguzadas para que fueran cortando las pajas con el paso, una y otra vez, del trillo sobre ellas en numerosas vueltas que a veces se nos hacían infinitas. Y es que sobre el trillo íbamos los "trilliques" que, frecuentemente, éramos niños. El trillique dirigía y guiaba convenientemente a las vacas por toda la parva para que no fueran siempre por la misma "rodera" y el triturado fuera uniforme; para ello se disponía de la "ijada" (palo largo terminado en afilada punta de hierro) con la que se picaba a una u otra vaca para que variaran su rumbo. También era tarea del trillique estar pendiente de cuando las vacas iban a "cagar", por eso, en cuanto veía que un animal levantaba el rabo, cogía rápidamente la pala, que para tal efecto se llevaba en el trillo, y la ponía debajo para que cayera en ella; luego había que llevarla al "mudaral" y volver en seguida al trillo para continuar dando vueltas. Claro que no siempre había que ir de pie en el trillo sino que te podías sentar en el "tajo" de madera que siempre se llevaba para ello. Otra tarea que frecuentemente había que hacer era sacudirle a las vacas los "tábanos" que se posaran en su piel pues, si les picaban, podían producir tal "espantá" que emprendían veloz carrera campo a través y destrozaban el trillo si no se conseguía pararlas a tiempo. Aunque nuestra cosecha era corta nos tocó trillar bastante porque íbamos a ayudar al Señor Montes que tenía muchas tierras y hacía una gran parva. A veces nos lo tomábamos como un juego y hasta nos arrastrábamos por las pajas agarradas al trillo con las consiguientes risas y bromas pero otras veces nos cansábamos y aburríamos de estar horas sin parar con un calor bochornoso , apenas aliviado por el sombrero de paja, y tragando el polvo que se levantaba continuamente. Cuando por fin nos relevaban nos metíamos un rato en el "chozo", que cada cual se construía con palos y ramas, y a su sombra descansábamos bebiendo agua "fresca" del botijo de barro que allí se guardaba. A lo largo de los días que duraba la trilla había que "tornar" (dar la vuelta) la parva varias veces para que lo que quedaba debajo subiera a la superficie para ser igualmente triturado. Esto se realizaba con la horca de hierro primero y luego con la pala de madera.

Cuando ya estaba bien trillado todo había que recogerlo con los "cañizos" de madera que arrastraban las parejas de vacas a la vez que empujaban varios hombres y con palas de madera y rastrillas hasta darle forma de prisma triangular alargado, teniendo en cuenta la dirección del viento para seguidamente comenzar con "la limpia". Esta parte de la recolección era muy amena y agradable. Cuando la parva era grande se reunían bastantes personas que, con sus "briendos" (bieldos), especie de horca de madera con varios dientes, iban tirando hacia arriba el bálago de tal forma que el viento pudiera llevarse hacia un lado la paja y en el otro quedara el grano. Esto duraba bastante, a veces más de un día y se charlaba, se gastaban bromas y se pasaba el botijo o la bota de vino para hacerlo más llevadero. Normalmente era éste trabajo de hombres aunque las mujeres también colaborábamos sobre todo con el "baleo"; a medida que el grano iba apareciendo a lo largo de la parva había que balear, es decir, barrer con el "barredero", especie de gran escobón, para irle retirando las "grancias" (piedrecillas y trozos de espigas de las que no habían salido todos los granos) que se iban depositando en un montón aparte para luego cribarlas y echárselas así al ganado. A nosotros, los chavales, nos gustaba más limpiar que balear porque era más divertido pero, con la excusa de que no sabíamos limpiar bien, nos tocaba casi siempre balear. Luego se hacía el "muelo", en forma de cono, con el grano y se amontonaba la paja aparte para después llevarlos hasta los graneros y pajares con los carros. Lo de "encerrar el muelo" era para nosotros lo más divertido. Después de llenar los sacos y costales con la "media fanega" de madera, pasándole cada vez "la rasera" o la mano, se ataban y se subían al carro... ¡y los niños trepábamos alegres y nos sentábamos encima y así, entre risas y canciones, al compás del traqueteo del carro, disfrutábamos viaje tras viaje hasta terminar de encerrar el trigo!

Al final de la tarde nos esperaba otro momento memorable. Llegaba la anfitriona con la merienda. ¡Cómo recuerdo a la señora Simona la del señor Montes con su burro cargado de viandas! Nos sentábamos, grandes y pequeños, en la era formando un gran corro y en medio se iban depositando la gran olla de las "patatas meneás" que se vertían en las fuentes de porcelana, el "barreño" del gazpacho, el jamón, los embutidos, el queso…todo ello bien regado con una especie de sangría fresquita y rematado con "el bollo maimón", el flan y los dulces variados. Aquella era una verdadera fiesta en la que se contaban chascarrillos y chistes y se brindaba por la cosecha lograda con fórmulas ancestrales como.¡que de salud sirva" o "que se gaste con salud!

Algunos días después se iba encerrando la paja para lo cual se ponían al carro largos varales que sujetaban enormes redes en las que se transportaba hasta el pajar. Había en la parte alta de la pared una especie de ventana, "el bocín" por el que se iba metiendo con ayuda de horcas y, para que quedara bien compacta, entrábamos los niños a "hollarla" pisando y saltando una y otra vez…Esto era bastante penoso pues se tragaba mucho polvo, se nos llenaba el pelo de paja y nos picaba todo el cuerpo por el"tamo" (polvo de la paja) pero era "la tradición" ¡y había que hacerlo!

Con los otros cereales, algarrobas, centeno y cebada se alimentaban lo distintos animales pero el trigo se destinaba exclusivamente para el consumo de la familia, pues el pan era imprescindible en cualquier mesa en aquellos momentos. Bueno, también se le daba al trigo otros usos pues se empleaba frecuentemente como "moneda" en los trueques. Llegaba el cacharrero y las mujeres se acercaban a preguntar el precio de cazuelas o cántaros y la respuesta era: "tantos celemines de trigo, tantas medidas de patatas o garbanzos o castañas…" ¡el dinero apenas circulaba! Una vez vino un serrano con su mulo cargado de uvas para vender y mi padre quiso comprarle unas pocas pero, el problema surgió al preguntarle el precio y decirle que sólo las vendía a cambio de trigo. Entonces mi padre le dijo que él no tenía trigo y se las pagaría en pesetas. Ante la negativa del vendedor tuvo que amenazarle con llamar a la Guardia Civil y, al fin, le vendió las uvas pero ¡a regañadientes!

¡Ah!, y otra cosa curiosa que me viene a la memoria es cuando cogíamos un puñado de trigo, lo metíamos en la boca y lo masticábamos un rato para "hacer chicle". Aquella pasta no permitía hacer pompas pero se estiraba un poco y a nosotros "nos hacía el efecto". Y también recuerdo cuando íbamos a coger el "cornezuelo" del centeno que después vendíamos, según decían para "hacer medicinas…"

Olor a pan reciente

Primer premio del Certamen Intergeneracional "MEMORIAS DEL CORAZÓN" convocado por La Gaceta. Año 2018

El trigo, cosechado cada verano, se iba llevando al molino "la fábrica" según se iba necesitando la harina para el pan y demás usos, se pagaba "la maquila" (la parte correspondiente de trigo) y se traía a casa. Como aquella harina solía traer mezcla de salvado, si se quería el pan blanco, había que "cernirla" chocando con energía dos "cedazos" cuadrados con el fondo de una tela como de gasa que dejaba pasar sólo la harina y no el salvado, que se iba recogiendo para los animales. Creo que esta operación estaba prohibida porque una vez, en la que mi madre estaba cerniendo, nos mandó vigilar en la calle mientras jugábamos para que la avisáramos si veíamos que se acercaba algún hombre extraño.

Cada familia tenía su propio horno y amasaba su propio pan pero, como había un sistema de "préstamos", probábamos de varias clases. Cuando ya habíamos pedido a vecinos y conocidos unos cuantos de panes era el momento de hacer nuestra hornada. Lo primero que teníamos que hacer era ir a buscar, a la última casa que hubiera amasado, la "recentadura" o "yelda" que consistía en una bolita de masa que se conservaba de una vez para otra y servía de levadura para el resto. Por la mañana, bien pronto, hacía mi madre la masa en la gran artesa mezclando el agua, en la que había disuelto "la recentadura", con la sal y la harina necesaria.

Luego entre padre y madre la amasaban un rato con los puños para finalmente pasarla varias veces por el torno. Ya refinada se hacían las bolas "a ojo" y se aplanaban dándole la forma de pan. Con el cuchillo se le hacían los "coscurros" (rescaños) y dos rayitas en el centro y se iban colocando sobre una manta en el escaño (especie de sofá de madera que había a un lado de la cocina, junto a la lumbre) y se cubrían con otra manta para que "yeldaran" (fermentaran). Mientras tanto se atizaba bien el horno con leña menuda que, una vez hecha cenizas se "barría" con "las barbas", un largo varal en cuyo extremo había unas tiras de trapos y se pasaba por todo el horno hasta que quedaba limpio. Entonces los panes se iban metiendo con la ayuda de una pala de madera con el mango largo y se cerraba la puerta. Cuando el pan estaba suficientemente cocido (cosa que se comprobaba sacando uno y dándole unos golpecitos con los nudillos de la mano para escuchar su sonido) se sacaban todos y se iban limpiando de los restos de ceniza que les quedaba antes de depositarlos en la artesa, bien tapados, de donde se irían sacando a medida que se necesitaran. Bueno no se guardaban todos pues había que devolver a cada vecino los que les debíamos. Para ello cogía mi madre la vieja "romana" de hierro, que pesaba en libras, e iba distribuyendo, según los "apuntes" que tenía, los de cada uno. Además, de los que nos quedaban, aún prestábamos a los que nos los pedían con lo cual el pan no se solía poner duro (bueno, algunas veces comenzaba a ponerse mohoso y había que echarle algo a las gallinas…). Hay que tener en cuenta que el pan también se utilizaba para hacer "sopas de ajo" o del cocido (también el relleno) así como para echar en el café del desayuno o hacer la "migá" de leche que tanto nos gustaba.

Recuerdo algunas curiosidades de aquella época respecto del pan. Cuando nosotros estábamos en casa ese día solían darnos un poco de masa para que nos hiciéramos nuestros propios bollitos a los que les dábamos distintas formas: caracoles, aguaderas, serpientes…y, a veces, los rellenábamos con algún trocito de tocino o chorizo con lo que ese día merendábamos un riquísimo "hornazo". Claro que días antes de la Pascua se hacían los hornazos "de verdad" para comerlos el domingo en el campo con la pandilla y el lunes en las eras con todas las familias (menos las que estaban de luto) tras las partidas de calva, con abundante vino ofrecido por el Ayuntamiento y con la alegría del baile al son de gaita y tamboril.

Si estaba próxima la matanza preparaba mi madre las tortas de anís para, acompañadas del lomo embuchado y las perronillas, "tomar el aguardiente" aquella mañana con parientes y amigos a la vez que se brindaba por "la buena curación de las chichas" con el consabido: ¡Que de salud sirva!

Otra anécdota curiosa que recuerdo era la de "el pan del perro". Nosotros no teníamos ovejas pero las familias que sí las tenían debían, por turno según el número de animales, dar de comer algunos días al pastor y a su perro para lo cual, cuando amasaban, lo tenían en cuenta y, además de hacer el pan normal para la familia y el pastor, hacían un pan moreno (con mucho salvado) para el perro ¡con lo cual quedaba, según los criterios de hoy, mucho mejor alimentado el animal con su "pan integral" que las personas! Y, hablando de animales me viene a la mente el "rebojo" de pan que llevábamos cuando íbamos a la sierra, en verano, a ordeñar las cabras, para que vinieran hacia nosotros y se dejaran ordeñar.

También recuerdo muy bien las rebanadas de pan untadas con la grasa de freír el tocino o con manteca y azúcar que, al salir de la escuela, merendábamos ¡como el mejor manjar! Cuando íbamos a misa los domingos tampoco faltaban en el bolsillo de mi madre unos trocitos de pan que, si nos daba hambre o nos aburríamos nos daba, para que mientras lo comíamos estuviéramos entretenidos y no diéramos guerra.

Y otra escena que me viene a la memoria es la de los "pobres jurdanos" (de las Hurdes) que frecuentemente venían a pedir al pueblo. La mayoría de la gente los despachaba con uno o dos mendrugos de pan duro que ellos, a pesar de todo, agradecían mucho porque ¡era tanta el hambre que pasaban!

¡¡Según desgrano mis recuerdos infantiles siento que, como por un milagro, el olor de aquel pan reciente me envuelve de nuevo y doy gracias a Dios!!

LA GANADERÍA

Al igual que la agricultura era la ganadería fundamentalmente de subsistencia. Cada familia criaba, alimentaba y cuidaba aquellos animales que en cada caso necesitaba para su trabajo y para su alimento. En nuestra casa teníamos unas cuantas de gallinas, un par de cabras, uno o dos cerdos y… la yegua.

La yegua era imprescindible para que mi padre pudiera recorrer los pueblos de la Sierra en su profesión de Forestal. Por eso la cuidaba con esmero y, cuando nos montaba en ella, disfrutábamos un montón. Era tan buena que una vez Juan, siendo pequeño, le levantó una pata inocentemente "para errarla" y ni se inmutó.

Las gallinas y el gallo estaban en el corral y allí tenían sus nidales para poner los huevos y sus varales para dormir; únicamente cuando queríamos criar pollitos se ponía el cesto con paja en la cocina y allí permanecía la gallina sobre los huevos, previamente seleccionados (mi madre los miraba a través de la luz del candil o de la bombilla para saber si tenían "galladura") los 21 días que tardaban en salir del cascarón. Cuando ya les empezaba a salir la cresta se dejaban sólo las pollitas y los pollos se iban matando y comiendo dejando uno que luego se engordaba para el día de la fiesta. Las gallinas viejas también se iban comiendo y sustituyendo por las nuevas. Siempre las mataba mi madre y nosotros lo veíamos tan natural pero, una vez que se fue al pueblo unos días nos dijo que matáramos una y la guisáramos pero ninguna nos atrevíamos; ¡al final me tocó a mí y creo que quedó "bien muerta"! Los huevos se freían dos o tres juntos y allí, en el mismo plato, pringábamos todos el pan "amigablemente" pues no nos podíamos permitir el lujo de comer uno cada uno; otras veces se hacían tortillas que daban más de sí y también se utilizaban para los rellenos del cocido diario. Pero los huevos no sólo servían de alimento sino que se vendían a los hueveros que por allí llegaban e incluso se utilizaban como moneda de "trueque" en los comercios (que tenían "de todo") para llevarnos a casa el aceite, el azúcar…o las telas o las puntas o cualquier otra cosa que necesitáramos. En una ocasión fuimos Ángeles y yo a comprar un lazo para ella y nos dio su madre un huevo para pagar pero a la puerta del comercio se le cayó y se rompió. Entonces entramos tan tranquilas a por el lazo y le dijimos a la señora Pilar que ya se lo pagaría su madre (porque nos daba vergüenza que lo supiera). Por supuesto que cuando llegamos a su casa no tuvo más remedio que confesar con la consiguiente "regañina" También contaba mi padre que un niño fue al comercio a comprar "un huevo de puntas"; al preguntarle qué era eso el niño contestó: "Pues que yo le doy el huevo y usted me da las puntas"

Los cerdos normalmente los criábamos nosotros y, después de vender los tostones sobrantes, engordábamos un par de ellos para la matanza. Los sacábamos a comer bellotas, castañas, espigas de los rastrojos… pero en casa también se les echaba cebada, salvados, patatas, remolachas, berzas, nabos… y hasta gamonetas y correhuelas que eran unas plantas que íbamos a buscar a la finca de Los Arévalos, a varios kilómetros, y traíamos a cuestas en un saco. ¡Claro que esto lo solíamos hacer en pandilla y nos lo pasábamos bien! Los cerdos de todo el pueblo los cuidaba "el porquero" que hacía sonar "su cuerno" por las mañanas para que los sacáramos y regresaban al anochecer ellos solos a la casa.

Las cabras, dos o tres, nos daban la leche para el desayuno y criaban algún cabrito para venderlos. Si sobraba (pues era más el café de puchero que la leche) hacía mi madre algún quesito valiéndose del "cuajo" que salía del estómago de los cabritos que se mataban. Las cabras las cuidaba el cabrero. En el invierno venían cada noche a dormir a casa pero en verano se quedaban a dormir en la sierra y cada día teníamos que ir allí a ordeñarlas para lo que llevábamos un trocito de pan con que atraerlas y, mientras uno las agarraba por los cuernos, otro las ordeñaba. Luego debíamos regresar a casa pronto para que la leche no se "cortara" pero, como nos entreteníamos jugando por el camino, no siempre lo conseguíamos. Cuando las cabras iban viejas se mataban la víspera de la matanza y su carne, mezclada con "las gorduras" y bofes de los cerdos, servían para hacer los chorizos del cocido.

Nosotros no teníamos vacas pero casi todas las familias las tenía para las faenas del campo: arar, trillar, uncirlas al carro y criar algún ternero para vender y ayudar un poco a la economía familiar. Bueno, en las familias "ricas" se mataba algún ternero para hacer más chorizos e incluso para los banquetes de boda que, por entonces se hacían en casa. El "boyero" era el encargado de cuidar las vacas con la ayuda de su"porra" de madera que lanzaba magistralmente cuando alguna se desmandaba.

Para conocer cada propietario sus vacas se marcaban en "el herradero". Era éste un acontecimiento festivo para todo el pueblo. Tenía lugar en el "corral de concejo" y, sentadas sobre las anchas paredes de piedra, a veces de pie desde algún balcón, presenciábamos el espectáculo. Primero, en el exterior, hacían una gran hoguera en la que "malvaban" los hierros con las distintas letras. Luego iban cogiendo cada ternero y lo tiraban al suelo, sujetándolo bien, para poner en su anca la letra candente que les duraría toda la vida. El olor a "chamusquina" lo llenaba todo pero los espectadores no nos cansábamos de jalear y aplaudir a los mozos que realizaban la faena. Cuando terminaban salíamos fuera y allí tenía lugar "la subasta" de la leña sobrante. Era el señor Montes (guarda local) el encargado de vocear el precio de cada lote e invariablemente terminaba con el consabido: "Hágale buen… buen… buen… ¡buen provecho le haga!" Y regresábamos a casa tan contentos. Cada año, antes de comenzar las faenas de la recolección, se procedía a herrar las vacas, es decir, se las "calzaba" con una especie de herraduras, en dos partes llamadas "callos", que se clavaban en sus cascos con fuertes clavos. Para esto era preciso meterlas en el "potro" de madera y atarlas bien para facilitar la tarea al herrero.

Los burros eran también numerosos y se destinaban principalmente a la carga, unas veces con albarda y otras veces "a pelo". Si se quería transportar agua se les ponían las "aguaderas" de mimbre en las que cabían cuatro cántaros, si era para llevar patatas o remolachas a granel se usaban los "serones" de esparto trenzado con dos senos o las alforjas de lana o lino (éstas se usaban más para llevar las comidas al campo o las maletas o cestas de viaje) y, para traer leña, hierba o haces se le colocaban los "garabatos" de palos en los que se pinchaba la carga. Cuando no se necesitaban, los burros se llevaban a la "burricá" que cuidaba "el burriquero" y, al atardecer, se recogían en el "corral de la burricá" que estaba cerca de nuestra casa junto a la ermita. Esta tarea la hacían casi siempre los chavales y a mí me encantaba ir con mis amigas a buscar sus burros porque así podía venir montada con ellas a pelo… ¡Cuántas caídas nos dimos sobre todo cuando los chicos le ponían al burro un espino debajo del rabo, cosa frecuente, y éste empezaba a dar saltos como "loco" con la consiguiente risa de todos! ¡Ah! y también había un esquilador que esquilaba los burros y, a veces, hasta les hacía primorosos dibujos en la piel.

Las ovejas, unas churras y otras merinas, las cuidaba el pastor ayudado por el "rabadán", un muchacho joven, y por el perro para librarlas de los lobos tan frecuentes por allí. Cada familia tenía unas cuantas y con arreglo al número de cabezas le suministraba la comida, los días que le tocaba, tanto a pastores como a perros para los que previamente amasaban el pan con salvado o "pan del perro". Por la tarde regresaban al pueblo y era el momento que a mí más me gustaba pues lo veía dificilísimo: había que "apartar las ovejas" Y… ¿cómo era posible que conociera cada uno las suyas si, para mí, eran todas iguales? Pues con una facilidad pasmosa se metían entre ellas y empezaban a separarlas hasta que tenían las diez o doce que les correspondían. ¡Yo no me cansaba de verlo hacer una y otra vez!

Cuando se acercaba el calor se hacía "la motila". Los esquiladores con sus grandes tijeras iban quitando la lana a cada oveja con cuidado, a pesar de lo cual algunas veces le hacían algún corte que le curaban con un ungüento de color azul. Entonces era cuando las familias que no tenían ovejas, como nosotros, aprovechaban para comprar los vellones necesarios con los que tejer la ropa de abrigo, mantas y costales, así como rellenar colchones gastados o hacerlos nuevos.

JUEGOS Y DIVERSIONES

Aunque los medios económicos eran entonces muy escasos nos divertíamos de lo lindo con los pocos juguetes que nos compraban pero, sobre todo, con los que nos hacíamos nosotros mismos: muñecas de trapo, pelotas rellenas de gomas cubiertas con lanas, animales y carros de cañas que empalmábamos con púas de espino… Otros juguetes los hacían los padres como las tabletas y chirumbas de madera, las peonzas, las combas con sogas viejas… Y otras veces jugábamos con piedras, con tabas de hueso y con otros materiales que conseguíamos en el campo o las casas. De todas formas había muchos juegos para los que no necesitábamos nada: el corro, el escondite (alza la maya), echar el pañuelo, el "mique" (pati o escaldes), pico zorro zaina, Antón Pirulero (imitando profesiones), la gallinita ciega ¡y muchísimos más!

En las casas se jugaba mucho a las cartas. Mi amiga Ángeles tenía una baraja muy vieja con la que jugábamos en un prado junto a su casa, para que no nos viera su madre, pero nos peleábamos mucho porque las conocíamos todas y sabíamos cual teníamos que "robar" para ganar…

Otras diversiones consistían en ir al monte a coger castañas o cerezas, cazar ranas en el río o las charcas (para comer las ancas fritas), hacer comedias de cualquier tema…

Y luego estaba el baile de tamboril, manubrio o gramola (los domingos y fiestas) al que iban todos los que querían: grandes o pequeños; pero durante la Cuaresma se cerraba y paseábamos carretera arriba y carretera abajo hasta el oscurecer. La verdad es que jugábamos y nos divertíamos mucho en la calle, en el campo, en los corrales ¡y éramos completamente libres y felices!

COSAS DE "LA CRIANZA"

¡Va a llegar San José, hay que poner al niño "en cortos"! Esta era una frase que, por los años 40 y 50, se oía con mucha frecuencia en las familias en las que había un bebé que aún no tenía el año.

Y es que existía la costumbre ancestral, mezcla quizás de creencia religiosa y de superstición, de que era ese el día señalado para librar al niño de las "envueltas" que hasta el momento había usado. Por tanto, hubiera nacido el marzo anterior, con casi un año, o hubiera nacido cerca de San José, con pocos días de vida, en esa fiesta tenía lugar tan importante acontecimiento.

Entonces los partos tenían lugar en las casas con la única asistencia de la "partera" que, en el caso de Escurial, era una señora muy mayor, casi una anciana, pero que tenía sobrada experiencia en el oficio pues de su mano habían venido al mundo casi todos los niños del pueblo durante muchos años. A pesar de que allí había médico él no intervenía para nada y sólo visitaba la casa si había algún problema serio del hijo o de la madre. Bueno, cuando nacieron nuestros mellizos, Angelines y Antoñito (que murió a los cuatro meses) sí los visitó don Juan porque era muy amigo de la familia y compañero de "partida" de mi padre y quería dar a todos la enhorabuena. De todas formas, fuera por la escasa atención o porque no existían los medios necesarios, eran muchos los niños que morían. Antes de nacer Juan ya habían muerto tres hermanos (dos se ellos en seis meses) por distintas causas: difteria, infecciones etc. y en la mayoría de las familias ocurría lo mismo. Por eso no es de extrañar, como recuerda con frecuencia Mito, que en la funeraria tenían siempre varias "cajas pequeñas" disponibles.

La alimentación de los bebés era fundamentalmente la leche materna habiendo muchos casos de niños que ya eran mayorcitos y dejaban los juegos para "tirar de la teta" unas veces por necesidad y otras por "vicio". Cuando la madre no podía criarlos, con frecuencia se hacía cargo otra mujer, que a su vez estuviera criando a su hijo, y sacaba adelante a los dos (estos niños eran para toda la vida "hermanos de leche"). Si esto no era posible se le alimentaba a cucharadas, pues no se conocían los biberones, con leche de vaca o con la de cabra, como era el caso de Escurial donde no había vacas de leche. Muy pronto se enriquecía la leche con harina tostada y, años más tarde con "maizena". En los casos más extremos se echaba mano de las "sopas de gato" que consistían en cocer unas migas de pan con un poco de agua y aceite, hasta que el niño podía comer las patatas machacadas. Tanto en un caso como en el otro quien le daba la comida al bebé la solía masticar previamente en su boca y luego se la daba (no es de extrañar que se cogieran tantas infecciones). Contaba mi padre que en una familia muy pobre era el niño mayor el que se encargaba de dar la comida al pequeño y que un día en que le dijo la madre que le diera ya de comer al hermano él le contestó: "Pero madre, ¡si yo ahora no tengo hambre!" (se ve que aprovechaba la ocasión para comer él mientras se la masticaba). De todas formas los niños comían pronto galletas, pan y de todo, incluso jamón (cuando lo había) colgado al principio de una cuerda al cuello para que fuera chupándolo poco a poco y no se ahogara. ¿A que algunos recordáis que esto os lo hacía la abuela Pepa a vosotros?

En cuanto a la forma de vestir de los niños era completamente diferente a la de ahora. Desde el nacimiento y hasta San José, como ya dije antes, los bebés "estaban en mantillas" (esta expresión se sigue usando para indicar que alguien tiene poca experiencia o conocimiento de algo). Lo primero, sobre el cuerpo desnudo, se le hacía una cruz y se rezaba el "Bendito" y a continuación ya se le ponía una especie de faja apretada a la tripa, el "ombriguero" (ombliguero) hasta que "daba el ombligo" y que más tarde se sustituía por otra mayor para que no cogiera frío. Después, de cintura para abajo, se colocaba el pañal de algodón fino con la mantilla de muletón o piqué encima (siempre enrollando con ambas prendas las piernas y tapándolas) bien sujetas a la cintura con una larga tira de tela terminada en dos hiladillos con los que se ataba. Cuando las mantillas no quedaban bien sujetas podía ocurrir (algún caso conocí) que se salieran y te quedaras con ellas en la mano mientras el crío se iba al suelo con el consiguiente "cogotón" (alguno cayó por encima de la puerta de la casa hasta la "lancha" de pizarra que había ante ella) De cintura para arriba se le ponía la camisita de batista o hilo finito, rematada con festón y con un bordadito de color en el delantero, junto al escote. En el tirante se solían colocar "los Evangelios", especie de bolsita minúscula con un trocito de tela en su interior en el que había escrito algún versículo, con el fin de proteger al niño de los malos espíritus. Sobre la camisita se colocaba el jubón (especie de camiseta) de muletón o franela para que le abrigara y, por último, el jersey de lana. Para salir a la calle se envolvía bien en una toquilla, se le ponía un gorrito y unos patucos y... ¡ya estaba listo! En los casos de familias más pudientes se hacía o se compraba el traje de "cristianar" para el Bautizo que podía ser de tira bordada y piqué como el de los Cotobales (que aún existe con casi cien años) o más sencillo, de punto con pelito por dentro, como el que llevamos los Robles. En ambos casos era blanco y se componía de faldón y capita con capucha. Bueno, cuando el niño nacía mal o estaba en peligro no se llevaba a la iglesia a bautizar sino que en la misma casa se le echaba "el agua de socorro" para que dejara de ser "morito" y, en caso de que muriera, pudiera ir al cielo.

Hay que tener en cuenta que toda la ropa se hacía en casa y la mayor parte a mano, pues no había máquinas de coser en las casas. Por eso el preparar "la canastilla" llevaba su tiempo y su trabajo y era algo tan importante que, ya desde la escuela, nos enseñaban un poco cómo hacerla y después, en Magisterio, la perfeccionábamos en la asignatura de Paidología y en Enseñanzas del hogar. Había unos patrones que nos íbamos pasando de unas a otras y con ellos cortábamos las distintas prendas en papel de seda y las cosíamos como si fuera la tela de verdad y así completábamos nuestra canastilla de la que aún conservo algunas prendas.

Cuando llegaba el día de san José se le quitaban las envueltas y se le ponían los "pololos" cortitos a los niños o los vestiditos a las niñas, con las piernas ya al aire, únicamente con los patucos, por lo que algunas veces, aunque se les siguiera tapando con la toquilla, pasarían bastante frío. Claro que apenas se les sacaba de casa pues no había cochecitos y siempre iban en brazos. Yo creo que únicamente se llevaban a misa los domingos y en alguna ocasión de pura necesidad. Todo esto, por supuesto, después de los cuarenta días y cuando la madre ya había "salido a misa" para su "purificación" y la presentación del recién nacido con la ofrenda correspondiente, que entonces consistía en un pan y una jarra de vino. Como en las casas no había calefacción la cuna siempre estaba junto a la chimenea y por la noche se calentaban las mantas bien hasta que llegaron las bolsas de goma llenas de agua caliente que fueron un gran adelanto. Cuando ya el niño andaba se le vestía con una especie de mono llamado "pelele" que tenía una gran abertura entre las piernas y le permitía hacer sus "cositas" sin mancharse. Esto era para los niños pues las niñas no llevaban braguitas casi nunca bajo el vestido con lo que les era fácil hacerlas.

Aunque no había carritos sí se disponía de algunos artilugios para meter al niño y que fuera aprendiendo a andar: "las varas" que era como un largo rectángulo de madera con patas y con un cuadro redondeado en el interior en el que el niño se deslizaba hacia un lado y otro para dar sus primeros pasos. También estaba "el corro" que era como el precursor del tacatá y "la pollera" de mimbre, redonda y muy elegante, que nosotros tuvimos en el "sobrao" o desván mucho tiempo.

Algunos años más tarde, cuando criamos a nuestros hijos, las cosas habían variado bastante pero, aunque las envueltas ya habían desaparecido, aún utilizamos pañales de tela que, en forma de pico, sujetaban las gasas dobladas que empapaban "los pises y cacas" y que se lavaban continuamente con lo que las "tendaleras" de la terraza eran notables (ya empezaban las braguitas de plástico pero nos daba pena ponérselas). Bueno, en invierno, solíamos secar la ropa en el "azufrador" (cajón) de la camilla de los abuelos al calorcito del brasero de cisco y por la noche ¡se podían poner los pijamas tan calentitos! Ya, desde que nacían les poníamos polainas, leotardos y pantalones, abrigos, saquitos etc. Y comenzaban a ir en su cochecito o su silla. Los pañales de usar y tirar llegarían más tarde con el consiguiente descanso para las mamás y la higiene y comodidad del bebé ¡aunque también con un gasto considerable!...

Y los niños del futuro ¿cómo se criarán? Confiamos en que tengan lo necesario para vivir y, sobre todo, que no les falte el cariño de la familia y una buena educación que son las dos cosas más importantes para que crezcan felices.

Alba de Tormes, febrero de 2011

REMEDIOS PARA "CASI" TODO

Por los años cuarenta y cincuenta en Escurial, mi pueblo, ya teníamos médico pero solamente se requerían sus servicios cuando la enfermedad era algo importante. Entonces, si necesitabas alguna medicina, tenías que ir a buscarla a la farmacia de Linares o encargársela a alguien que fuera allí o al cartero que cada día acudía en su "camioneta" desde Guijuelo para traer el correo.

Pero normalmente, para dolencias menores, heridas y demás, se aplicaban múltiples "remedios caseros", de la sabiduría popular, cuyo conocimiento se iba transmitiendo de padres a hijos, de generación en generación.

En nuestra familia solíamos tener buena salud y, por otra parte, no éramos supersticiosos ni creíamos en brujerías pero, unas veces por necesitarlo alguno de los de casa y otras porque lo veíamos en amigos y vecinos, son muchos los "remedios caseros" que recuerdo de aquella época. Aquí evocaré algunos de ellos en la seguridad de que serían muchos más los que se conocían y aplicaban.

GOLPES Y CHICHONES: A falta de hielo, como se hace ahora, se aplicaba una moneda u objeto de hierro bien fríos y se mantenía apretado un ratito. Algo parecido se hacía cuando empezaba a salir un orzuelo en el párpado del ojo pero para eso lo mejor, según se decía, era utilizar una llave.

HERIDAS: Cuando nos caíamos y nos despellejábamos las rodillas, cosa bastante frecuente, o nos cortábamos con algún cuchillo, lata o cristal, nos lavaban la herida y nos ponían una hojita de "bálsamo" pelada, sujeta con un trapito que se ataba con un hilo. Para ello siempre tenía mi madre un tiesto con la planta del bálsamo bien cuidada.

PITERAS: Eran "brechas" que nos hacíamos en la cabeza por algún golpe. Entonces llegábamos a casa sangrando y, tras limpiarnos la sangre, nos aplicaban un buen puñado de azúcar sobre la "pitera" y ¡mano de santo! (Aún recuerda Pedro, pues conserva la señal, este remedio aplicado por la abuela Pepa en su cabeza cuando el "accidente" del Espolón).

TRIPA: Para el dolor de barriga nos hacían una infusión de manzanilla que nos costaba un montón tomar porque estaba superamarga. Y es que, aunque le echábamos azúcar, apenas se notaba pues se trataba de manzanilla natural que recogíamos en la Dehesa y otros lugares cuando florecía, la dejábamos secar y la guardábamos en un bote para todo el año. También era frecuente poner un ladrillo caliente envuelto en un trapo por si el dolor era de frío. Si a pesar de esto no se pasaba… ¡lavativa al canto! con aquella "pera" de goma que nos daba tanta grima.

CATARROS: Si nos producía dolor de garganta nos enrollábamos una bufanda bien calentita, de lana, a ser posible roja (parece que era más efectiva) e incluso, medio en broma, se decía que lo mejor era un calcetín ¡sudao!

Cuando el catarro se "agarraba" al pecho lo más indicado era una "cataplasma o sinapismo" de mostaza que, extendida sobre un trapo blanco empapado en agua bien caliente, se aplicaba al pecho y se sujetaba todo lo que podías resistir, que no era mucho, pues aquello quemaba "que se mataba" y más de una vez, por aguantar tanto, se nos levantaba hasta la piel.

TOSFERINA: Era muy frecuente entonces, pues aún no había vacuna, y raro era el niño que no la padecía. Producía unos ataques de tos tan fuertes y prolongados que te dejaban cansado y sin fuerzas. Para aliviarla, que no curarla, había una costumbre muy curiosa que yo recuerdo con claridad porque la aplicaron con nosotros. Como era muy contagiosa nos la cogimos casi todos los de nuestra casa y los vecinos (la señora Argentina y familia). Entonces nos llevaron a la Sierra, en la falda del Pico Cervero, para respirar el aire puro y allí hicieron la comida y comimos…¡y mi padre se cayó con las alforjas!— contaba luego Angelines a todo el mundo. No sé si mejoraríamos pero al menos lo pasamos bien.

Otro remedio que teníamos para las vías respiratorias era el humo de las caleras. Cuando ya la cal estaba bastante quemada y el humo salía blanco nos poníamos cerca del horno, de cara al viento, y aspirábamos profundamente con la boca bien abierta para que nos penetrara hasta los pulmones. La verdad es que olía muy bien y tanto mayores como pequeños acudíamos a cada calera que se quemaba como a una celebración para aprovecharnos de sus "virtudes"

DIVIESOS: Rara era la persona, pequeña o mayor, que no padeciera estos molestísimos "forúnculos". Solían salir en el "pescuezo" (cuello), en la cara (yo tuve uno "temeroso" en el carrillo) pero, sobre todo, en "el culo" (Juan tuvo varios) que impedían sentarse. Eran muy dolorosos y no había remedio para ellos mientras crecían. Cuando ya estaban "hechos", con la "cabeza" blanca de pus, entonces se les aplicaba un trozo de cebolla o tocino ligeramente fritos seguidos de "fomentos" de agua bien caliente con el fin de que se abriera para que, apretándolo con fuerza, que te hacía llorar por el dolor, echara fuera toda la "materia" y una especie de raíz que dejaba un agujero y así comenzara la recuperación que duraba todavía varios días.

PANADIZOS Y CARNIZONES: No sé si serían lo mismo pero en todo caso se producían unas infecciones a los lados de las uñas (a veces salía como un pequeño cuerno) que se llenaban de pus. Unas veces se reventaban solos y otras tenía que "sajarlos" el médico (a mi madre le ocurrió varias veces). Era algo que dolía muchísimo y, para "curarlo", se "escaldaba" el dedo metiéndolo en agua tan caliente como se pudiera aguantar repetidas veces.

SABAÑONES: Eran muy frecuentes por el frío que se pasaba (que se lo pregunten a Juan en el Seminario). Salían principalmente en manos y pies pero también en las orejas. Picaban mucho y a veces se hacían heridas. Para curarlos se frotaban con ajo.

REUMAS: Esta era una dolencia propia de las personas mayores y, para su alivio, acudían muchas de ellas a la casa de la Señora María, la del Señor Tino que era "experta" en ello. Vivía cerca de nuestra casa y siempre la veíamos rebuscando en los "mudarales" de las afueras del pueblo donde cogía unos gusanos blancos y gordos como un dedo. Se los llevaba a casa y los freía para extraer la "medicina" que, según decía ella, contenían los bichos. Lo que no recuerdo es si la "pócima" resultante era de aplicación exterior o tenían que beberla los afectados. Había personas "afortunadas" a las que ya les traían de Salamanca los famosos "Parches Sor Virginia" que se pegaban a la zona del cuerpo dolorida.

VERRUGAS: Muchas veces se llenaban las manos de verrugas que, además de molestas, eran antiestéticas. Entonces algunas personas las "conjuraban" con distintas fórmulas. Yo recuerdo que nosotros los críos, a semejanza de los mayores, hacíamos nuestro propio "conjuro". Teníamos que coger tantas "chinitas" como verrugas tuviéramos y nos íbamos al campo. Levantábamos las manos y decíamos: "Verrugas traigo, verrugas vendo, aquí las dejo y me voy corriendo". Las arrojábamos con fuerza, lo más lejos que podíamos, y salíamos corriendo a toda velocidad…

HIPO: Cuando a los bebés les entraba hipo se hacía una bolita con un poco de pelusa del jersey de lana empapada en saliva y se le ponía en la frente.

INAPETENCIA: Para "abrir" las ganas de comer (de esto sabe mucho Feli) siempre estaba a mano "el Ceregumil" que no sé si sería efectivo pero ¡estaba riquísimo! Más tarde a éste jarabe se añadiría la "Quina Santa Catalina". En uno de mis partos se presentó tío Joaquín a verme con una botella de este vino y yo, después de agradecérselo, le dije: "Pero Joaquín si a mi no me hace falta, lo que yo necesito es que me den de comer que estoy muerta de hambre" (y eso que por entonces a las parturientas ya les daban algo más de comer pues, no muchos años antes, por lo visto, mataban una gallina, a la mamá le daban el caldo de la "enjundia" y el resto se lo comían los demás).

DOLOR DE CABEZA: Se aplicaban paños de agua fría en la frente. De todas formas, cuando nos quejábamos por ello, invariablemente nos decía mi madre: ¡Come algo! que "La cabeza la comida la endereza" (y la mayoría de las veces se cumplía el refrán).

PICADURAS DE BICHOS: Como andábamos mucho por el campo y, hasta en casa o en los pajares, nos picaban muchos bichos de distintas clases. Casi siempre lo primero que hacíamos era chupar la picadura y escupir, achucharla bien y luego hacer con la uña, bien señalada, una cruz encima (para mosquitos, tábanos…). Si se trataba de avispas o abejas lo primero era hacer con saliva y tierra un poco de barro y aplicarlo sobre la picadura. En cualquiera de los casos, cuando llegábamos a casa, nos aplicaban aceite y nos hacían beber una cucharada para "depurar la sangre", según decían. Cuando se nos agarraba una garrapata nos la soltaban con vinagre y si se trataba de una sanguijuela con abundante sal.

En el caso de picadura de "arraclán" (escorpión) como le ocurrió una vez al padre de Ángeles mi amiga, se cogía el bicho, se freía en aceite y se empapaba bien la zona (no recuerdo si también se bebía)

ANIMALES: A los animales se les practicaba muchos de los remedios que eran válidos con las personas. Muchas veces vimos a mi padre curar a la yegua sus heridas o hacerle morder una bola de sal, que vendían para estos casos, con el fin de librarla de las sanguijuelas que se le habían agarrado dentro de la boca al beber agua de la charca.

PROTECCIÓN DE LA CASA: Para que las casas estuvieran protegidas se utilizaban varios métodos, unos materiales y otros espirituales. Para librarnos de las pesadas moscas colgábamos de los techos unas tiras largas y pegajosas en las que iban quedando prisioneras (cuando se llenaba una se sustituía por otra)

Si criábamos pollitos, se ponía el cesto con los huevos cerca de la lumbre y allí los incubaba la gallina clueca tan ricamente. Pero para que no se "atronaran" con las tormentas les poníamos sujetas en las mimbres unas hojas de laurel, en forma de Cruz, del bendecido el Domingo de Ramos a semejanza del trozo de ramo que se ponía en otros lugares de la casa por el mismo motivo o para librarse de incendios. Y es que a las tormentas se les tenía verdadero pánico pues, como no había pararrayos, causaban frecuentes desgracias. Por eso, además del laurel, cuando ya se presentaba la tormenta, se cogía agua bendita que se había traído de la iglesia el Sábado Santo y se rociaba por toda la casa a la vez que se rezaba a Santa Bárbara la oración propia: "Santa Bárbara bendita — que en el cielo estás escrita —con el ara de la Cruz— paternoste amén Jesús". También se encendía la vela o lamparilla que había alumbrado al Santísimo en el Monumento el día de Jueves Santo.

Muchas de las dolencias aquí descritas, gracias a Dios, ya casi no se conocen pero, a las que siguen vigentes todavía, se les aplica alguno de estos remedios arcaicos a pesar de contar con modernas medicinas que las solucionan con más efectividad y menos sufrimientos. Soy consciente de que en los años de mi infancia habría otros muchos remedios que yo no conocí o no recuerdo y que los que aquí describo, pasados por el filtro de los más de 60 años transcurridos, quizá no se ajusten exactamente a la realidad pero…yo así los conservo en mi memoria.

Alba de Tormes, marzo de 2011

DE MATANZA

El invierno estaba a punto de llegar. Las primeras nieves tendían su manto blanco sobre el Pico Cervero y la escarcha de los hielos mañaneros brillaba sobre la hierba con los tímidos rayos del sol.

Cuando todo esto ocurría se observaba en la casa, año tras año, el mismo revuelo frenético. Era la mejor época para las matanzas y había que preparar todo lo necesario. Se bajaban artesas y barreños del "sobrao" (desván) para lavarlas, se preparaba la mesa de matar y la máquina de embutir, se compraban los ingredientes necesarios: sal, pimentón, nuez moscada, pimienta… (el orégano lo cogíamos en la sierra), se amasaba y cocía el pan que, en esa ocasión, serviría no sólo para acompañar "chichas" y demás exquisiteces sino que, debidamente reposado, constituiría el ingrediente principal en la elaboración de morcillas y farinatos; ¡ah! y en esa hornada se cocían las exquisitas tortas de anís en grano y aceite que, por tradición, hacía mi madre para ese día.

Llegada la víspera había también varias tareas que hacer: pelar los ajos, cortar las cuerdas (de lino hilado por madre) enrollándolas siempre en el mismo plato para que fueran iguales, lavar y atar las tripas de vaca que se compraban para completar las de los cerdos, afilar cuchillos… y, tarea de los niños, visitar las casas de vecinos y amistades para invitarles: "De parte de mis padres que mañana matamos y que vayan a tomar el aguardiente".

Apenas amanecía el día señalado, comenzaba a llegar gente a la casa para ayudar: el señor Montes (el guarda) y la señora "Vitoria" (Victoria) que, con sus dos hijos jóvenes, eran como nuestra propia familia; Toña, una mujer soltera y bastante sorda a la que siempre llamábamos y nunca fallaba, y algunos vecinos como el señor Matías y la señora Simona que vivían enfrente de casa. Lo primero era tomarse unas tapitas de lomo del año anterior y la torta de anís así como algunos dulces hechos para la ocasión, todo ello acompañado por una copita de buen aguardiente para poder empezar el día con ánimo y energía. Luego cada cual se ponía su mono o la ropa más vieja que tenía, echaban los hombres mano al cerdo y, después de pesarlo con la gran romana de arrobas colgada de una fuerte viga, lo colocaban sobre la mesa de matar, lo sujetaban bien y el "matanchín" clavaba su afilado cuchillo en el cuello del animal que, entre forcejeos y gruñidos, iba vertiendo su sangre en el barreño de barro que una mujer removía constantemente para que no se cuajara y se pudiera emplear en las morcillas.

A continuación se bajaba el cerdo de la mesa y se colocaba sobre un montón de pajas o retamas bien secas, que asimismo lo cubrían por encima, le prendían fuego y se iba chamuscando hasta que se comprobaba que se podía pelar fácilmente; entonces se raspaba y se limpiaba bien y ya quedaba listo para el despiece. Colocado de nuevo sobre la mesa iban los hombres cortando y sacando las distintas partes del cerdo, cosa que los niños observábamos siempre asombrados. Las mujeres iban pelando patas, orejas y rabo en el agua hirviendo del caldero que colgaba en las "llares" de la chimenea, sobre la gran fogata. Bueno, el rabo casi siempre nos lo daban a los niños que, en otra pequeña hoguera, lo pelábamos y asábamos con un poquito de sal, lo partíamos y nos lo comíamos tan ricamente con nuestros amigos.

Cuando las mujeres terminaban esta tarea ya tenían en las artesas las tripas humeantes esperando. Primero les quitaban las gorduras y las separaban, a eso llamaban "desurdirlas", luego vaciaban su contenido y después se las llevaban al río, muchas veces helado, para lavarlas dándoles la vuelta con el huso que mi madre utilizaba para hilar. Alguna vez se rompía alguna y la señora Vitoria exclamaba: ¡Estas tripas están "endecientes y emponientes", ya podemos lavarlas bien o quedarán "empercudías"! Al regreso, para entrar en calor, las "lavanderas" se sentaban junto al fuego y allí degustaban unas vainillas con un vasito de vino dulce que la anfitriona les tenía preparado.

A todo esto, y a lo largo de la mañana, los invitados iban pasando por la casa, charlaban un rato y, a la vez que "tomaban el aguardiente", brindaban por la buena curación de embutidos y jamones diciendo: "¡Que haya salud para comerlo!" o "¡Que de salud sirva!"

A media mañana se hacía un alto en la faena para tomar una buena fritada de cebolla, hígado y sangre (previamente cocida) para reponer fuerzas, pues la comida siempre se retrasaba bastante. A esta hora nunca faltaba D. Juan, el médico, compañero de partida de mi padre, al que le encantaba ese plato. Casi a media tarde ya estaba preparado un riquísimo cocido en el que además de chorizo y espinazo del año anterior se cocería la "potra" reciente, (una parte del tocino pura grasa) carne, rellenos…. Recuerdo un año en que el señor Montes, al deshacer el cerdo, le preguntó a padre: ¿Quitamos la "potra"? (porque a veces se dejaba unida a la panceta) y, antes de que le contestara, se oye la vocecita de Juan que, desde donde estábamos jugando, dice: ¡No, la potra no la quiten!, ¿dónde nos vamos a montar? (creía que se refería a la yegua).

Después de comer llegaba el momento de descarnar y picar las carnes que, debidamente seleccionadas, se adobarían para, al día siguiente, hacer las longanizas, chorizos y salchichones.

Cuando esto estaba terminado se cortaban y "cosían" las tripas a las que previamente se había puesto sal, ajo y vinagre.

La tarea del día había terminado. Junto a la lumbre esperaba ya la gran olla de barro, de dos asas, con las riquísimas patatas "meneás" con el cucharón de madera y el magro fresco asado, rematando con el exquisito "manjar" que madre hacía o el "bollo maimón" cocido en la fiambrera de aluminio con brasas sobre la tapadera.

Si no se hacía muy tarde, era el momento de la tertulia y la baraja. Entonces es cuando nosotros aprovechábamos para acercarnos a Toña, como cada año, y decirle: ¡Anda, cántanos los "Mozos de Monleón"! Y ella, sin hacerse de rogar, entonaba el romance con su música particular y aquel movimiento rítmico de cabeza que tanta gracia nos hacía… Bueno, otro momento memorable que se repetía año tras año era cuando el señor Montes, que era muy "teatrero", nos contaba con "pelos y señales" lo del crimen de Teodomiro (del clan de los Santas, al que mataron entre la mujer y el hijo). A él, según nos decía, le tocó ayudar a sacar el cadáver del pozo donde lo habían tirado y, poniendo cara de terror, exclamaba: ¡No se me olvidará jamás que al sacarlo nos miró con aquellos ojos tan abiertos que alguno salió corriendo y no volvió! A nosotros se nos ponían los pelos de punta por el miedo pero al año siguiente le pedíamos que nos lo volviera a contar.

El segundo día de la matanza era mucho más tranquilo y relajado aunque se invertía casi siempre la jornada entera hasta dejar todo limpio y recogido.

En cuanto llegaban las mujeres (ese día solamente estaban los hombres de la casa) se freían las chichas de la "prueba" y, si hacía falta, se les añadía un poco de sal junto con un buen chorro de aceite, se removían bien de nuevo y se empezaba a embutir. Primero se hacían los salchichones, luego los chorizos "buenos" (del magro seleccionado) y por último los de "bofes" en los que además de los restos que quedaban de gorduras (grasas), callos y bofes, se les añadía carne de cabra o de vaca y se destinaban al cocido. Después se "enfusaban" morcillas y farinatos, casi siempre a mano, con ayuda de la "cornata", porque se hacía poca cantidad.

Durante la faena se pasaba de vez en cuando el vino dulce y las pastas como era tradición en esas ocasiones. Mi padre era el encargado de dar a la máquina y de ir colocando los embutidos en varales para que escurrieran y más tarde colgarlos en los clavos de la chimenea para que, al amor de la lumbre y con la ayuda del humo, se "curaran".

También era esa mañana cuando se embuchaban lomos, cabeceros, mantos y "cintas" de panceta previamente adobados y se salaban tocinos, costillas, huesos y jamones para ir consumiendo a lo largo del año. Bueno, los jamones casi siempre los vendíamos ya curados para comprar tocino, cuando padre iba a Guijuelo, pues según decían "nos cundía" el tocino mucho más que el jamón. A la vez se iban haciendo los riquísimos chicharros derritiendo, en la caldera de cobre, la manteca que serviría para "componer" (aliñar) las patatas y demás durante mucho tiempo. A veces, y aprovechando alguna tripa que quedaba, se llenaba de manteca para conservarla mejor. También se utilizaba para ello la vejiga, debidamente sobada para darla de sí, aunque en no pocas ocasiones nos la reservaban para, cubriendo con ella un puchero de barro, hacer las zambombas con las que acompañar los villancicos en Navidad.

Terminada toda la faena se fregaban y recogían artesas, barreños, máquinas y cuchillos, se limpiaba y ordenaba casa y corral… Luego las "mondongueras" se marchaban a su casa con un tazón de chichas, un poco de hígado y un trocito de manteca para que lo comieran en familia y… ¡como si no hubiera ocurrido nada! pero ¡la despensa estaba bien surtida para todo el año!

…

Después de nuestro traslado a Alba, hace 50 años, continuamos durante bastante tiempo haciendo nuestra matanza. Criábamos y cebábamos los cerdos en las pocilgas que para ello había hecho mi padre en "la cuadra" (la bodega). Ese día, igual que antaño, nos reuníamos toda la familia para el trabajo, que le tocaba en gran parte a madre hasta que no tuvo más remedio que ir delegando en nosotras, pero sobre todo para la tertulia y la fiesta. Recuerdo que, cuando por la noche echábamos la partida, decía mi padre:"No os preocupéis si perdéis el juego que los que vamos a invitar somos los viejos". Y, efectivamente, ya tenía mi madre preparados los dulces y las botellas de anís y coñac. A medida que la tercera generación, nuestros hijos, fueron creciendo, se fueron involucrando en la tarea, haciendo lo que les mandábamos, especialmente dando a la máquina de hacer los chorizos, colocándolos en los varales y subiéndolos a la cocina de arriba donde se colgaban hasta su curación.

También esa época pasó a la historia y quizá nuestros nietos (de la era de la informática) no tendrán la suerte de vivir acontecimientos tan entrañables, pero nosotros siempre guardaremos muy adentro su recuerdo y la nostalgia de aquellos buenos tiempos…

Alba de Tormes, diciembre de 2009

FRÍO, FRÍO… ¡¡DE VERDAD!!

En estos días en que la ola de frío "siberiana" está castigando con saña a toda Europa (a nosotros, en Alba, a diferencia de tierras más al norte, nos ha pillado sólo de refilón) el tema prioritario de conversación en cualquier lugar y a cualquier hora es, más que nunca, el del tiempo. Y por este motivo me han venido a la memoria escenas de mi infancia en las que el frío y la nieve en aquel pueblo serrano, Escurial, eran de "antología". Quizás, pienso ahora, no bajaran las temperaturas muchos grados bajo cero (como no teníamos termómetros no lo sé) pero no hay duda de que ni las ropas de abrigo eran tan apropiadas como las de ahora, ni las casas estaban mínimamente acondicionadas como las actuales para soportar aquellos inviernos.

Desde luego que, en aquellos años, había frecuentemente grandes nevadas. Cuando esto ocurría lo primero que notábamos al despertarnos es que "seguía siendo de noche" pues por nuestra minúscula ventana, tapada por la nieve, no podía entrar la luz. Para nosotros, los niños, eso suponía una gran alegría y nos echábamos a correr hacia el corral para ver el espectáculo. Allí estaba ya mi padre "pala en ristre" despejando la puerta que, sobre todo cuando el viento era de hostigo, llegaba a cubrirse de nieve por completo. Una vez hecho esto seguía haciendo el "carrilito" hasta la calle, e incluso calle abajo, para que pudiéramos ir a la escuela pues, como los maestros vivían al lado y los niños no faltábamos a clase por "tan pocas cosas", aquellos días, en ese sentido, eran como los demás. Eso sí, nos poníamos camisetas y "refajos", nos arrebujábamos en el "tapabocas" (especie de manta alargada de cuadros azules y verdes que aún conservamos) o la "toquilla" negra de madre, nos enrollábamos en la cabeza la "chalina" (bufanda) y, como casi todo esto, lo mismo que los jerséis y los calcetines, eran de lana casera, no notábamos mucho el frío (y eso que las niñas íbamos con los vestidos y los niños con pantalón corto pues, hasta que no dejaban la escuela con 14 años, no se ponían pantalones largos).

Todo el proceso de "fabricación" de la mayoría de estas prendas era completamente artesanal: se compraba el "vellón" de lana a los pastores en la época del "esquileo" de las ovejas, se "escardaba" para librarla de "pegotes" de basura y de hierbas, se lavaba bien, se "esponjaba" con los dedos, se hilaba con la "rueca y el huso", se "torcían" varios hilos juntos según el grueso que se deseaba, se hacían las madejas que se podían teñir de colores o utilizar en blanco (la de las ovejas negras, lana parda, sólo se utilizaba para la ropa de los hombres) y ya estaba lista para tejer las prendas ¡a la medida y "exclusivas"! Mi madre en el "tricotado" fue siempre "una máquina" tanto en el manejo de las dos agujas largas como en el de las cinco cortas con las que hacía los calcetines, medias y guantes para que no tuvieran costura. ¡En esta tarea se pasaba horas y horas del día y de la noche!

Además, para ir a la escuela, llevábamos nuestras estufas individuales con las que calentarnos, sobre todo al entrar del recreo pues, después de deslizarnos por los "resbaliceros" que construíamos en la nieve, jugar a batallitas con las bolas, hacer enormes muñecos y arrancar los "chupiteles" que, como cuchillos de cristal, pendían de los tejados, los pies y las manos los teníamos completamente congelados y agradecíamos mucho aquel calorcito. Claro que luego los sabañones, entonces tan frecuentes en pies, manos y orejas, nos empezaban a picar y a doler... Para tratar de evitar esto, nos echábamos el aliento sobre las manos, las frotábamos con fuerza y nos las metíamos bajo los "sobacos" hasta que entraban un poco en calor y luego ya nos acercábamos a la estufa para terminar de calentarnos.

De aquellos inviernos tan crudos recuerdo otras escenas en las que lo pasábamos bastante mal, unas veces por necesidad y otras por gusto:

Cuando las heladas se repetían durante varios días, las charcas se "cerraban" con gruesa capa de carámbano y los más audaces se paseaban por su superficie "patinando" y hasta algunos ¡inconscientes! hacían encima hogueras que luego abandonaban con rapidez "por si acaso"...

Lo mismo le ocurría a los ríos y esto no resultaba tan divertido sobre todo para las mujeres que tenían que romper el hielo para poder lavar la ropa o las "tripas" de las matanzas que se hacían por esas fechas para que se "curaran" bien embutidos y jamones.

Uno de los momentos en que pasábamos más frío era cuando, a primera hora de la mañana, antes de ir a la escuela, teníamos que llevar los cerdos al monte para que aprovecharan las castañas que caían de los castaños y que los dueños ya no recogían. Algunas veces la niebla espesa, que apenas nos dejaba ver el camino, unida a la helada de la noche ponía sobre el paisaje una bonita "cencellá" que lo hacía aparecer como algo mágico. Pero nosotras no lo apreciábamos así entonces más preocupadas por el intenso frío que nos hacía "titiritar" de tal forma que nuestros dientes "castañeteaban" ruidosamente. De todas formas lo que peor nos sentaba era que había días en que cuando nosotros regresábamos a casa ya habían vuelto los cerdos ¡sin comer! con lo que todo nuestro sacrificio resultaba inútil. Se ve que los animalitos también eran sensibles al frío y se encontraban más a gusto en el corral.

Igualmente recuerdo lo mal que lo pasaba mi padre (aunque nunca le oímos quejarse) por su profesión de Forestal, recorriendo la Sierra sobre su yegua cubierto con grueso "capote" y protegidas sus piernas con aquellos "leguins" de cuero... Cuando llovía mucho el capote se empapaba y el "Cierzo", que soplaba del Norte lo "castigaba" hasta ponerse alguna vez enfermo. Un día llegó a casa con la cara completamente roja y un malestar grande: había cogido una "disipela" (me parece que se llama erisipela) y estuvo varios días en la cama.

En estas ocasiones y, durante los largos inviernos serranos, la cocina con la lumbre de la chimenea era el centro de la casa y el refugio de toda la familia. En nuestro corral había un "leñero" siempre bien surtido por lo que "la fogata" estaba garantizada. Cuando "olivaban o desmochaban" las encinas, tan abundantes por allí, mi padre compraba una buena cantidad de leña de la que hacía, en el mismo campo, unos sacos de cisco para el brasero de la sala (que se utilizaba por las fiestas o cuando venía algún forastero) así como para nuestras estufas de la escuela. Tanto en un caso como en otro se ponía el cisco primero, se le añadía un "badil" de brasas de la lumbre y se tapaba con ceniza para que se encendiera bien; luego no había más que "echar una firma" (escarbar) con la badila y te calentabas estupendamente.

En torno al fuego de la chimenea no sólo nos reuníamos las personas (incluido el bebé correspondiente en su cuna) para charlar, rezar el Rosario, coser o hacer punto, leer los pocos libros de que disponíamos como El Quijote, "Amicis Corazón" (Corazón de Edmundo de Amicis), La buena Juanita, Fábulas Educativas de Ezequiel Solana, los pequeños Cuentos de Calleja…También había allí sitio para los gatos y hasta para el cesto de mimbre con la gallina incubando sus huevos hasta que estos nacían. Además, aprovechando el rato en que la lumbre estaba más libre, se secaba la ropa y, colgados alrededor de la gran campana, se curaban los chorizos, morcillas, farinatos, jamones…

Nunca faltaba sobre el fuego el puchero o pote con la comida, unas veces directamente sobre las brasas y otras encima de las "trébedes" y, colgando de las "llares" (cadena con un gancho) de hierro, el caldero para tener siempre el agua caliente o para cocer la comida de los animales. ¡Cuantas veces asábamos bajo el "rescoldo" las castañas y bellotas, las patatas pequeñitas y hasta algún chorizo que otro envuelto en papel de periódico!

Este sistema de "calefacción" no era ni mucho menos perfecto y tenía varios inconvenientes: cuando llovía había que retirarse para atrás porque el agua entraba por la chimenea y te calaba o te calentabas mucho por delante (te salían con frecuenta "cabras", especie de "dibujos morados" que eran muy feos y que para evitarlos se ponían en las piernas unos cartones atados que no siempre eran eficaces) y en cambio por detrás te entraba mucho frío porque la puerta tenía que estar casi siempre abierta para que no se hiciera humo. Otro problema que había, y éste era más grave, la frecuencia con que los niños pequeños se quemaban al caerse, sobre todo las manos o se escaldaban con los pucheros por lo que muchos quedaban con cicatrices de por vida.

Por la noche, para dormir, vencíamos el frío a base de manta sobre manta pues las habitaciones estaban heladas. Algunas veces se calentaba un poco la cama pasando por las sábanas el brasero, a falta de "braserillas" llenas de ascuas, tan bonitas, doradas, como había en algunas casas "bien" y otras veces se calentaba un ladrillo en la lumbre y, envuelto en un trapo, se ponía a los pies. Años más tarde llegarían las bolsas de goma con agua caliente y los caloríficos de arena, ya eléctricos.

Bueno, estos "remedios" se aplicaban casi exclusivamente por enfermedades o en casos muy especiales pues, normalmente, con las mantas nos "apañábamos". Por otra parte, como dormíamos en la misma cama dos, tres y hasta cuatro personas (unos arriba y otros abajo) nos dábamos calor unos a otros. Lo malo era cuando dormíamos uno solo, como aquella vez en que yo, muerta de frío, quise meterme en la cama, por los pies, con Feli y Angelines…

Hoy ha remitido un poco el frío pero, según los pronósticos de los "hombres del tiempo", regresarán pronto los aires siberianos ¡qué le vamos a hacer! Nos quedaremos en casita con buena calefacción y quizás tendremos un recuerdo para tantas personas que no tienen nuestra misma suerte y viven en la calle o en condiciones precarias…

Febrero de 2012

TIEMPO DE CASTAÑAS

En aquel pueblecito serrano, Escurial de la Sierra, hace más de cincuenta años, no había más distracción que el baile de cada domingo en el que, al ritmo del manubrio o de la gramola, bailábamos juntos jóvenes, niños y mayores. No obstante no siempre íbamos al baile pues nos lo pasábamos muy bien jugando en la calle a montones de juegos y disfrutábamos mucho yendo al campo a coger moras, cerezas, castañas… ¡Sobre todo las castañas!

Cuando el otoño comenzaba a pintar las hojas de amarillo y marrón, y el aire del Pico Cervero las volaba para formar aquella alfombra multicolor y mullidita, los erizos comenzaban a abrirse y a mostrar su fruto que, poco a poco iba cayendo al suelo entre la lluvia de hojas. Era el momento de subir al "Hueco" o al "Bermejo" para llenarnos los bolsillos o las cestitas que llevábamos de casa. Sin embargo, bastante antes, habíamos visitado varias veces los castaños. Como aún no se abrían los erizos, hacíamos junto al tronco del árbol una torre con piedras y, trepando por ella, nos encaramábamos en alguna rama, de la que más de una vez quedamos enganchadas por el vestido o, cuando esto no daba resultado, nos poníamos unas sobre los hombros de las otras y así, si no nos caíamos, lo que era muy frecuente, podíamos conseguir nuestro objetivo. Entonces, para no pincharnos, cortábamos las ramitas que tenían más erizos y regresábamos a casa con ellas. Bueno, por el camino ya veníamos probando las castañas, para lo cual echábamos el erizo al suelo y lo arrollábamos con el pie hasta que las sacábamos, blanca aún su piel, apenas "en leche", o incluso en "cascabullo", pero que a nosotras nos sabían riquísimas.

Después, cuando terminaban de madurar, todos los que tenían castaños hacían su recolección y, más tarde, dejaban libremente ir al "rebusco" a todo el que quisiera. Posteriormente era cuando llevábamos a los cerdos a comer las que quedaban escondidas bajo las hojas. Era éste un oficio que nos encomendaban a los pequeños de la casa y en el pasábamos mucho frío.

Para la gente de Escurial las castañas constituían un recurso muy importante, que ayudaba bastante a la maltrecha economía de muchas de aquellas familias: unas veces crudas, otras cocidas en el pucherito de barro o asadas en el "calbochero" colgado de las "llares" sobre el fuego o dejándolas secar para que se hicieran "pilongas" y hasta sustituyendo al café del desayuno después de tostadas y molidas... ¡cuántas hambres aliviaron en tiempos difíciles! Pero no sólo comían castañas las personas sino que los animales domésticos tenían en ellas un buen pienso. Además servían también como moneda en una época en que el "trueque" era frecuente en aquellos pueblos para adquirir las cazuelas, pucheros, platos y demás: ¿Cuánto vale este barreño? —preguntaba la señora— Tres medidas de castañas —contestaba el "cacharrero"— que se establecía en la plaza. Cerraban el trato ¡y todos tan contentos!

Pero en mi memoria siempre asociaré la época de las castañas con la diversión y la aventura, como en aquella ocasión…

Era domingo y, después de comer, nos juntamos las cuatro amigas ¡más amigas! y decidimos ir al Bermejo, al castañar de una de ellas. Una vez allí elegimos un castaño "injerto", que era el que daba las castañas más ricas de comer: alargadas, brillantes y que pelaban muy bien, al contrario que las "reboldanas" (regoldanas), más ásperas y peores que casi siempre se destinaban a los animales. Apenas habíamos empezado nuestra tarea cuando algo nos llamó la atención y nos asustó. ¡Parece un disparo! Efectivamente, era tiempo de caza y no lejos de allí divisamos una pareja de cazadores con sus perros. Pero nuestra sorpresa fue mayúscula cuando a nuestro lado cayó una perdiz recién abatida. Esperamos un poco a ver si los cazadores o los perros venían a buscarla pero se ve que no estaban seguros de haberla alcanzado y, en lugar de acercarse, los vimos alejarse y perderse de vista. Entonces nosotras decidimos coger la perdiz y llevárnosla al pueblo. No obstante, para que nadie la viera, yo la escondí bajo mi jersey de rayas de colores ¡cómo se me pondría! y emprendimos el camino tan contentas. Pero, ¿quién se iba a comer la perdiz? Después de discutir un rato acordamos que haríamos una merienda para todas. Llegamos a casa de Ángeles, que vivía a las afueras, y se lo contamos a su madre. Le pareció bien la idea y se ofreció a guisárnosla con arroz para que nos diera más de sí. Pero, para que no tuviera ella "tanto gasto", fuimos al resto de las casas a que nos dieran en una el arroz, en otra el aceite y en la otra el pan. Con todos los ingredientes la Señora Eterna nos preparó la merienda. Aquella tarde, por primera vez, probamos la perdiz que estaba para chuparse los dedos... ¡y seguro que nos los chuparíamos varias veces!

Aquel día no habíamos cogido castañas, pero no nos importó mucho porque la aventura y sobre todo la merienda habían sido estupendas. Además las castañas podíamos volver a cogerlas cuando quisiéramos pues sabíamos que allí, en el monte, seguían esperándonos.

Otoño de 2008

DÍAS DE HORNAZOS

En torno a la fiesta de la Pascua se hacen y comen los tradicionales hornazos, típicos de tierras de Salamanca.

En Escurial y en otros muchos pueblos, especialmente de la Sierra, la fiesta del hornazo era doble: el mismo día de Resurrección, por la tarde, todos los niños íbamos al campo (las eras, el Cahozo Hondo, Los Arévalos...) a comer el hornazo. Jugábamos y corríamos un rato y luego nos sentábamos en la hierba y entre bromas y risas dábamos buena cuenta de él.

Al día siguiente, lunes de Pascua, por la mañana, los hombres iban "a concejo" que consistía en arreglar caminos comunes o hacer algún otro trabajo que el Ayuntamiento dispusiera, pero llegada la tarde, después de comer, era el momento de jugar a "la calva" y, cargados con el "calvo" de madera y el "marro" de piedra o de hierro se dirigían a las Eras del Palancar para disputar los partidos entre solteros y casados, barrio de arriba contra barrio de abajo... A todo esto los niños presenciábamos los partidos, jaleábamos las jugadas como hacían ellos y, a veces, hasta los imitábamos jugando con piedras. Cuando veíamos que iban terminando corríamos a casa para avisar a las madres de que ya podían ir con la merienda y les ayudábamos a llevar lo que podíamos.

A medida que iban llegando a las eras cada familia se hacía su corrillo, sentados sobre la hierba, y allí merendábamos el hornazo, cocido en la última hornada de pan en el horno de la cocina, la tortilla y algunas otras exquisiteces, terminando casi siempre con el flan casero o el melocotón en almíbar reservado para la ocasión. Todo esto, por supuesto, se acompañaba de abundante vino que, ese día, aportaba por tradición el Ayuntamiento para todos (sólo lo bebían los mayores pues los pequeños teníamos al ladito la fuente con un agua buenísima…). ¡Ah! y el mismo Ayuntamiento contrataba al tamborilero, el Señor "Rabicano", que amenizaba la fiesta y, tras la merienda, todo el mundo bailaba las jotas típicas al son de la gaita y el tamboril con gran alegría y hermandad. Bueno, no todos los vecinos acudían a la fiesta pues los que estaban "de luto" se quedaban en casa con el correspondiente disgusto de los pequeños de la casa que no entendían muy bien estas cosas.

Aquellos hornazos eran simplemente masa de la del pan que, rellena con un poco de tocino y chorizo, cocíamos en el gran horno a la vez que el resto de los panes que cada poco tiempo hacíamos para el gasto de la casa. Por supuesto no le faltaban sus "decoraciones" de flores, letras y demás así como el huevo entero que, sujeto con dos tiras de masa en forma de cruz, lo remataba y que luego pelábamos y repartíamos como un verdadero rito.

Ya aquí, en Alba, hemos seguido durante muchos años haciendo nuestros hornazos serranos pero con la masa "especial" de la receta que Carmen (la de Pesque) nos dio. Últimamente yo sigo haciéndolos cada año pero ahora dulces (típicos de Alba) con la masa al estilo de los "bollos de leche" que parece que gustan más a "los comensales" de la familia.

Abril de 2014

LUGARES ENTRAÑABLES

El Pico Cervero

Desde cualquier punto de mi pueblo, Escurial, se divisa perfectamente El Pico Cervero. Yo me imagino que su nombre puede hacer referencia a que en algún tiempo lejano fueran abundantes los ciervos pero no tengo constancia de ello. Es una de las cumbres de la Sierra de Francia y no llega su altura a los 2000 metros.

A la derecha, no muy lejos, están Las Quilamas que se disputaron algún tiempo Cilleros y La Bastida ("Cilleros y la Bastida mucho queso y mucha lana, pero no tienen dinero para pagar La Quilama ¡ay con el ay, ay, ay!" así decía el cantar popular). Allí había una cueva, La Cueva de la Mora, de la que contaba la leyenda que el Rey su padre encerró en ella a la Princesa por que se enamoró de un cristiano...

Al otro lado estaba La Honfría que pertenecía a Linares y detrás del Pico se podía distinguir el Río Alagón y, a lo lejos, Las Hurdes.

Pero, antes de llegar a la cumbre, había que pasar por varios parajes de la Sierra: Magincá donde cogíamos las riquísimas cerezas del cerezo del Señor Matías, el vecino; varios bosques de castaños a los que trepábamos "como cabras" para coger las castañas; el Cutero Chico y el Cutero Grande que eran dos tesos no muy altos; Los Manaderos donde nacía el Río Huebra que luego atravesaría el pueblo para llevar sus aguas al Duero, en Las Arribes…Todo esto pertenecía a Escurial pero la cumbre era de Navarredonda aunque para nosotros ¡era tan nuestro!

Y es que era un lugar entrañable. Allí descubríamos las primeras nieves del invierno y, por eso, no es de extrañar que a Feli, que nació en noviembre la trajeran "de entre la nieve" según me contaron a mí y yo, con mi lenguaje de poco más de dos años, repetía a todo el mundo.

Cuando, en verano, el agua escaseaba en el río subíamos con la yegua cargada hasta las pozas de la Sierra para lavar la ropa. Recuerdo alguna vez que llevamos la lana que habían comprado para hacer un colchón y allí la lavamos y la secamos antes de traerla a casa. En estas ocasiones llevábamos la comida y nos pasábamos el día entero en aquellos parajes disfrutando de lo lindo.

Nos gustaba tanto ir a merendar a la Sierra que muchas veces le pedíamos a mi padre que nos llevara a Las Honfrías y nos contestaba: ¡Con lo harto que estoy yo de comer en el campo…! ¡Y es que se pasaba muchas veces la semana completa sin venir a casa, sobre todo cuando tenía las cuadrillas de obreros repoblando los pinos!

Pero, cada año, deseábamos que terminara el curso para hacer la excursión con maestros y compañeros. Ésta, invariablemente, era al Pico Cervero. Cogíamos nuestras meriendas y subíamos hasta la Cruz que había en la cumbre entre cantos y juegos. Nos pasábamos allí el día, merendábamos a la sombra junto a alguna fuente fresca y cristalina y, al atardecer, regresábamos a casa cansados pero felices. Las impresiones y recuerdos de aquellos lugares inolvidables los expresé un día en el poema "Al Pico Cervero" con cariño y agradecimiento a aquellos tiempos tan lejano y, sin embargo, ¡tan cercanos!

La Dehesa

Salíamos de casa, bordeábamos el "prao de los álamos", dejábamos a un lado la ermita del Cristo de la Salud y ya estábamos en el camino de la dehesa. Era un camino ancho pero muy irregular en el que se podían apreciar claramente los surcos esculpidos por el agua de la lluvia, las roderas de los carros que cansinamente iban y venían y, sobre todo, las numerosas huellas del ganado que, continuamente, desfilaba camino de la charca.

Y es que, tras el frondoso bosque de robles que había a la entrada de la dehesa, se escondía la "Charca de los barreros" llamada así por que era junto a ella donde se hacían los "adobes", mezcla de barro y paja, para la construcción de casas, corrales y demás.

La charca era bastante grande y conservaba el agua perfectamente durante todo el año por lo que en verano, aunque muy mermada, hacía un servicio extraordinario al pueblo que acudía a ella no sólo para abrevar el ganado y hacer los adobes sino que hasta se llenaban allí los recipientes que servirían para regar algunos huertos sobre todo de "colinas", berzas pequeñas, así como para otros muchos usos. Nosotros íbamos en ese tiempo hasta allí con los cerdos para que bebieran agua y se "revolcaran" en el barro lo cual les refrescaba y les libraba de "bichos molestos y perjudiciales".

Muy cerquita de la charca estaba el "prao de los pinos". Era éste un prado pequeño, propiedad del Municipio, pero que había sido cedido al Montero, mi padre, para meter en él la yegua que tan necesaria le era cuando recorría la sierra en el cumplimiento de su servicio. Como su nombre indica estaba lleno de hermosos pinos que, además de dar abundantes y riquísimos piñones, era como un agradable paraíso en el que pasábamos muchos ratos.

De todas formas, aunque no tuviéramos que ir por obligación, era la dehesa un lugar en el que nos gustaba mucho jugar. Unas veces corríamos entre los robles y nos tumbábamos en la hierba rodando en vertiginosas volteretas, otras veces cogíamos flores, sobre todo manzanilla, bellotas y "gamonetas" para los cerdos… Pero nuestra diversión favorita era coger ranas en la charca. Había muchas pero también abundaban las culebras que se escondían junto a ellas por lo que más de una vez las tocábamos con el consiguiente susto. Además había muchas sanguijuelas que se nos pegaban en las piernas para chuparnos la sangre y nos veíamos mal para desprenderlas. Por otra parte el fondo estaba lleno de lodo que nos dificultaba el caminar por él y que, teniendo en cuenta que no sabíamos nadar y había cierta profundidad, suponía una temeridad el meternos allí, pero nosotras no éramos conscientes de ello.

Un día estábamos en plena faena, ya habíamos cogido varias ranas, sobre todo una "gordísima" y, en esto, llegó mi padre a dar agua a la yegua y nos descubrió. Nos mandó salir inmediatamente del agua y, desnudas como estábamos, nos dio una buena "azotaina". Nos vestimos rápidamente y nos fuimos corriendo a casa donde nos esperaba el correspondiente castigo. Nos encerraron en el cuarto, la despensa, durante toda la tarde. Por el pequeño ventanuco se asomaban las amigas y nos preguntaban: ¿No salís? A lo que les contestábamos: ¡No nos dejan! ¿Y qué hacemos con las ranas? —decían— (pues pensábamos freírlas y darnos un "festín") ¡Comedlas vosotras! —les respondíamos con pena— Y así fue cómo nosotras nos llevamos el castigo y ellas se comieron las ancas de las ranas tan ricamente ¡y encima tocaron a más!

Además del prado de los pinos teníamos otro más grande, al final de la dehesa: era el de la Matará (mata arada). Para llegar hasta él teníamos que atravesar otro robledal que nos imponía un poco porque algunas veces salían bastardos que nos espantaban la yegua y nos daban mucho miedo. Una vez se atravesó uno en el sendero y hasta que no se quitó no pudimos pasar. Recuerdo cuando, al principio del verano, segaban la hierba del prado que, después de seca, se convertiría en heno. Cuando nosotros llegábamos con mi madre para llevarles la comida a los segadores (padre y alguno de los del señor Montes) ya llevaban bastante faena hecha pues madrugaban para aprovechar la frescura de la mañana y adelantar el trabajo. Nos gustaba mucho verlos cómo manejaban aquellas grandes guadañas y además nos esperaba la sorpresa de descubrir los nidos que ellos guardaban cuidadosamente para que nosotros pudiéramos ver los huevos o los pequeños pajarillos.

Cuando el heno estaba bien seco se transportaba en el carro de vacas del señor Montes y lo guardábamos en el pajar de enfrente de casa. Era esta una construcción muy rústica que tenía una puerta a la que se subía por toscos "pasiles" de piedra que sobresalían de la pared y una especie de ventana "el bocín" por donde se introducía el heno con grandes horcas. Era entonces cuando los críos debíamos hollar el heno (patearlo bien) para que se compactara y entrara más en el pajar. La tarea era penosa pues el ambiente en el interior era asfixiante por el polvo y el calor y además eran frecuentes los bichos, sobre todo las garrapatas que después teníamos que desprendernos de la piel, creo que con aceite. No obstante todos los niños de la vecindad nos ayudábamos en esta tarea por lo que nos lo tomábamos como un juego y nos lo pasábamos estupendamente.

Aún existe el pajar exactamente igual que entonces frente al solar de la que fue nuestra casa y al verlo ¡afloraron a mi memoria tantos recuerdos!

Junio de 2010

VALLORTIGA

"Vallortiga", Valdeortiga (Valle de ortigas), es un paraje situado entre Escurial y Linares aproximadamente en la mitad de los seis kilómetros de carretera que separan ambas poblaciones.

Precisamente por esta circunstancia y algunas otras era un lugar bastante frecuentado por nosotros en aquellos años de nuestra infancia.

Allí tenía un pequeño prado mi amiga Ángeles. Lo recorría un arroyo que en primavera lo inundaba en la parte baja y criaba una "pamplina" riquísima por lo que, en esa época le hacíamos frecuentes visitas para llevar la ensalada a casa a la vez que recogíamos flores: margaritas, violetas y botones de oro con los que nos hacíamos coronas y otros adornos.

En un pequeño valle, al otro lado de la carretera, se criaban hermosos nogales (las nogalas decíamos nosotros) que daban abundantes nueces. Como era propiedad del Municipio, cada año las arrendaban a distintas familias para que las aprovecharan, tras el pago convenido, y algún año fuimos nosotros los que nos quedamos con ellas. Recuerdo cuando las íbamos a recoger lo bien que nos lo pasábamos, merendando a su sombra y correteando por allí. Un día cayó un buen chaparrón y nos refugiamos en una especie de cueva que el regato había ido excavando a lo largo de los años pero el agua comenzó a subir y tuvimos que salir corriendo por miedo a que nos arrastrara con lo que al final terminamos todos calados.

Cerca de allí, nunca supimos exactamente dónde, tenía una finca el señor Matías, nuestro vecino, de la cual nos contaba muchas veces una curiosidad. Él aseguraba que, de las aguas de su finca, unas iban al Duero y otras al Tajo. Nosotros no nos lo creíamos demasiado, aunque era un hombre serio y con cierta cultura fruto de su estancia en América en su juventud pero, años más tarde supimos que, en efecto, ocurría así porque unas vertían al Alagón que nace no lejos de allí, en Frades, y es afluente del Tajo y las de la otra parte iban al Huebra, que nace cerca del Pico Cervero y, cruzando Escurial, desemboca en el Duero.

A Linares acudíamos con ocasión de las fiestas, sobre todo el 15 de agosto día de Nuestra Señora y el Lunes de aguas. La Señora Antonia vivía allí y era como de la familia pues acudía cada vez que nacíamos alguno de nosotros y siempre que hacía falta para ayudar en lo que se necesitara. Cuando Juan se fue al seminario de Salamanca mandaba cada semana "la muda" en "el coche de línea" para lavarla en casa y, cuando mi padre no tenía que pasar por Linares, éramos nosotras las que, andando, recorríamos ese trayecto para recogerla. La verdad es que normalmente no se nos hacía pesado pues lo tomábamos como un juego especialmente cuando nos acompañaba Ángeles que tenía allí a sus abuelos paternos y aprovechaba para ir a verlos y siempre nos daban alguna galleta, un bocadillo etc. Pero había veces en que lo pasábamos mal por el frío o el miedo…Como en aquella ocasión.

Ya veníamos Feli y yo de regreso con "el fardel de la muda" cuando, a la altura de Vallortiga, comenzó a oscurecerse y se presentó una tormenta terrible. Los truenos y relámpagos eran continuos, la lluvia arreciaba y no sabíamos qué hacer. No queríamos refugiarnos bajo los árboles porque sabíamos lo peligroso que esto era por los rayos y, por otra parte, habíamos oído decir que por allí había lobos y jabalíes así es que, empapadas y muertas de frío y de miedo, seguimos caminando lo más de prisa que podíamos, que no era mucho pues apenas veíamos la carretera. La impotencia se apoderó de nosotras y comenzamos a llorar como unas "Magdalenas". De pronto, allá a lo lejos, divisamos una luz. A medida que se aproximaba pudimos ver que la portaba un hombre embozado en una capa y nos quedamos paralizadas. ¿Qué podíamos hacer? Pensamos escondernos acordándonos del "hombre del saco" pero él ya nos había visto y nos hacía señas con la luz. Aguantamos el tipo como pudimos, bien abrazadas y, al momento, todas nuestras dudas y todos nuestros temores se habían disipado: ¡Aquel hombre era padre que, al ver cómo se había puesto el tiempo, salió a nuestro encuentro bien arropado bajo su "capote" y con un "farol" en la mano seguramente para que lo pudiéramos ver nosotras pues apenas daba luz para alumbrar en una noche así. Al fin pudimos respirar tranquilas y, aunque caladas hasta los huesos y con el susto aún en el cuerpo, regresamos felizmente a casa.

La Fábrica

Era en realidad una fábrica de harinas pero, como no había en Escurial más industria que aquella, todos la conocíamos como "la fábrica".

Estaba a menos de dos kilómetros del pueblo, al lado de la carretera de Tamames y, en ella, se molía el trigo que cada familia necesitaba para el pan del año.

El señor Juanito y la señora Sotera con sus hijos tenían su vivienda en la misma fábrica y, quizá por vivir tan alejados del pueblo, nos recibían tan bien a los chiquillos cuando íbamos a visitarlos. Y es que, casi todos los domingos del buen tiempo, nos reuníamos la pandilla y nos desplazábamos carretera adelante para pasar un buen rato en aquel lugar. A la salida del pueblo dejábamos "El cahozo hondo" a la izquierda y pocos metros más adelante parábamos en "la peña". La peña estaba al lado de la carretera y era bastante alta pero, como, según decíamos, allí se había aparecido una vez la Virgen era un lugar "santo" y no nos podría pasar nada malo. En esta creencia subíamos al picacho y nos tirábamos abajo unas tras otras varias veces (nunca nos hicimos daño) hasta que nos cansábamos y continuábamos caminando. En cuanto llegábamos a la fábrica llamábamos a la puerta y, como ya nos conocían, nos abrían y mandaban entrar. Invariablemente le pedíamos que "nos pesaran". Entonces nos subíamos a la gran báscula, una a una, nos decían cuánto pesábamos, a veces nos daban alguna galleta y, tras dar las gracias salíamos a la calle otra vez pero nos quedábamos en los alrededores jugando y haciendo "de las nuestras". Algo que nos encantaba era bajar a la trasera del edificio y colocarnos junto a un tubo por el que soplaba el aire que salía del molino pero más de una vez, cuando más descuidadas estábamos, salía un chorro de agua que nos ponía a "caldo" y ¡era tan divertido! Otras veces nuestros juegos tenían lugar en "la pesquera". Era ésta como un pozo en el que se canalizaba el agua del río que, con su fuerte caída, movía el mecanismo de la molienda. Cuando estaba llena de agua hacíamos apuestas a ver quién daba la vuelta por la estrecha pared de cemento que la rodeaba y ¡casi todas lo hacíamos! con el peligro que esto suponía pero que nosotras, ¡inconscientes! no veíamos entonces. Si la pesquera estaba vacía nos deslizábamos por la pendiente interior y bajábamos hasta el fondo… Claro que bajar era fácil pero, cuando llegaba el momento de subir, nos las veíamos "moradas" y más de una vez tuvimos que pedir ayuda al señor Juanito que, con su santa paciencia, nos ayudaba a subir lanzándonos una soga a la que nos agarrábamos con fuerza para salir del apuro.

En verano aprovechábamos para irnos a las tierras de cereales a coger hojas de amapolas que después secábamos en el "sobrao" y, cuando teníamos bastantes, las vendíamos para, según decían, "hacer medicinas". Igualmente hacíamos con los "cornezuelos" del centeno así como la manzanilla que íbamos a recoger a la dehesa.

Un día nos entretuvimos tanto en estas "faenas" que, cuando nos quisimos dar cuenta, estaba anocheciendo. Entonces nos dispusimos a irnos para casa pero a alguna se le ocurrió decir que había oído un ruido entre el trigo y, pensando que pudiera ser el "tío del sebo" con el que nos metían miedo muchas veces, salimos corriendo a toda velocidad hasta llegar al pueblo, entre el llanto de alguna y la risa de otras…

La Calera

Más bien debería decir "las caleras" pues en realidad había varias en los alrededores de Escurial. Por este motivo a los habitantes de ese pueblo nos llamaban, además de "escurialenses", "caleros"; bueno, también nos llamaban "serranos" por ser de Escurial de la Sierra pero nosotros no nos considerábamos "muy serranos" porque estábamos ya más en la zona del "Campo" y además no teníamos el acento serrano como los vecinos de Linares y otros pueblos. De hecho siempre había un poco de pique entre unos y otros y decíamos en plan de burla: "¡Serrano que se le "ajorca" el mulo!— Si se ajorca que se ajorque que le den pol…! (También en Linares había caleras y creo que restauraron una que aún puede verse en el camino de la Honfría).

Y es que en la ladera del Pico Cervero abundaba la piedra caliza y hasta allí subían los hombres para, después de arrancar las piedras de las canteras, trasladarlas en grandes "serones" a lomos de mulos y burros hasta el lugar de la calera.

La calera era una construcción circular hecha de piedra de pizarra, abierta por la parte superior y con una boca a ras de suelo para "atizar" el fuego.

Lo primero que hacían los mozos, que eran los que generalmente se ocupaban de esta tarea, era "encañar", es decir colocar la piedra caliza cubriendo completamente "el horno" (era muy parecido a lo que después hemos visto hacer en las alfarerías de aquí de Alba). Luego comenzaban a meter por la boca inferior abundantes escobas y leña, que previamente habían acarreado desde el monte, y le prendían fuego cuidando bien de que no se apagara durante los 3 ó 4 días (y noches) que duraba la operación, hasta que las piedras calizas fueran cambiando su color gris oscuro por el blanco, que era el indicador de que la cal estaba lista.

Al principio el gran penacho de humo que se elevaba desde la calera era también oscuro, casi negro, y solamente la curiosidad hacía que los niños nos acercáramos por allí. Pero cuando, al segundo o tercer día, ya se divisaba el humo blanco, era mucha la gente que acudía a "tomar el humo". Y es que, según aseguraban, era "buenísimo" respirar ese humo para remediar dolencias especialmente del sistema respiratorio: catarros, bronquitis, asmas… Entonces se podía ver a las madres con sus niños, a los abuelos y sobre todo a la "gente menuda", que lo tomábamos como una diversión, colocarse cara al viento para que, inspirando profundamente, penetrara el humo "milagroso" en los pulmones y nos curara si lo necesitábamos o nos previniera para el invierno. Esta operación se realizaba durante mucho rato y varias veces. No sé si sería muy efectivo pero la verdad es que el humo olía muy bien y nos lo pasábamos estupendamente.

El trabajo de los caleros era bastante duro y penoso (pasaban mucho calor) por lo que no les faltaba el botijo de agua fresca y la bota de vino así como buenas tajadas de chorizo o jamón para reponer fuerzas. Pero era al final cuando se recompensaban con una buena celebración. En las últimas brasas de la calera asaban un "buche", un burrito pequeño y se lo comían tan ricamente entre risas y juerga.

Sólo le quedaba "desencañar" la cal, cuando estaba fría y, en lo días siguientes, venderla a los paisanos y recorrer los pueblos vecinos para colocar la que les sobrara y así sacarse unas "pesetillas"

Cuando iba a llegar la fiesta del pueblo las mujeres "desataban" la cal con agua en herradas o barreños de cinc y comenzaba a "cocer" a borbotones, por lo que nos teníamos que alejar del recipiente para que no nos quemara. Cuando terminaba la reacción y se enfriaba, ya en forma de lechada más o menos espesa, se empapaba la "ciacilla", que se recogía en el campo y, a modo de brocha, se "enjabelgaba" o blanqueaba toda la casa para que luciera bien blanca para la fiesta y el resto del año.

El Cahozo Hondo

¡Hay que llevar la comida a padre! —Decía madre—. ¿A dónde? —Respondíamos a coro—. ¡Al Cahozo Hondo! Entonces locas de contentas las tres hermanas nos preparábamos, cogíamos la cesta de mimbre con la comida y el barril de barro con agua fresca y salíamos presurosas la cuesta abajo.

Y es que nos encantaba ir al Cahozo Hondo, no sólo por lo bien que nos sabía la comida en el campo, bajo la sombra del gran nogal, sino porque después de la comida nos pasábamos la tarde correteando, jugando y disfrutando de mil y una aventuras que, a pesar de los más de 50 años transcurridos, aún recuerdo con claridad y nostalgia.

Era éste un paraje situado a las afueras de Escurial, muy cerca de la carretera de Tamames y a orillas del Río Huebra, o

Río grande, que se atravesaba por enormes "pontones" de piedra, que nosotros apenas podíamos abarcar, por lo que más de una vez caíamos al agua con el consiguiente regocijo de todos. La finca, una "cortina", estaba cercada con una vieja pared de piedra que se saltaba fácilmente para entrar y pocas veces se abría la rústica portera de que disponía. A pesar de no ser muy grande eran varios los propietarios que se la repartían de los cuales algunos arrendaban su parte a otros como ocurría en nuestro caso. Solamente eran dos o tres "canteros" los que teníamos pero tan bien aprovechados y tan primorosamente cuidados por padre, y no pocas veces por madre, que nos proporcionaban suficientes patatas, fréjoles, tomates, cebollas y demás para el gasto de la familia durante el año. Bueno también sembrábamos el pequeño huerto del Pocito, cerquita de la casa, y alguna tierra de berzas para el ganado ocasionalmente, y una "fanega" de terreno de secano, que pertenecía a "La Hoja" del Municipio y que nos surtía del trigo necesario para hacer el pan que amasábamos en el horno de la casa. Pero el Cahozo Hondo (mi padre decía Cabozo Hondo) fue "nuestro huerto"durante todo el tiempo que yo recuerdo por lo que le teníamos un cariño especial. ¡Eran tantos y tan buenos los ratos que pasábamos por allí!

Desde la entrada, y hasta que llegábamos a nuestra parcelita, caminábamos por un pequeño sendero algo elevado, paralelo a la regadera que transcurría junto a la pared por donde iba el agua de riego a los distintos canteros. Pues bien, junto al canal crecía un pequeño majuelo que se llenaba de rojas majuelas con las que nos llenábamos los bolsillos para, poco a poco, dar buena cuenta de ellas y que nos sabían a gloria.

La pared que daba al río era bajita por la parte de la huerta pero por la otra era más alta pues debía salvar el desnivel que la corriente había ido produciendo a lo largo de los tiempos. Para poder acceder hasta el agua tenía una especie de escalera formada por grandes piedras de pizarra que sobresalían lo suficiente para apoyar los pies y que nosotros llamábamos "pasiles". Por ellos bajábamos y subíamos un montón de veces con la agilidad de los pocos años y con la ilusión de trepar a las grandes peñas, bañarnos en las pozas o "cahozos", coger flores en sus orillas…Pero lo que más nos gustaba era cazar ranas para después comernos sus ancas fritas; no obstante ésta no era tarea fácil pues, aunque abundaban mucho, eran tan rápidas y resbaladizas que nos costaba tiempo y paciencia coger un puñadito que mereciera la pena. Además, algunas veces nos picaban bichos que nos llenaban de granos y, sobre todo abundaban las culebras que nos daban mucho asco y algún sobresalto que otro. También los padres, que estaban pendientes de nosotros, se llevaron buenos sustos como consecuencia de nuestras temeridades y travesuras. En una ocasión nos entreteníamos jugando abajo, en el río, como de costumbre y, de pronto, oyeron nuestros gritos: ¡Que se la lleva, que se la lleva! Acudieron corriendo a donde estábamos preguntando nerviosos: Pero ¿a quién se lleva el agua? ¡La zapatilla! —Contestamos a coro— ¡se lleva una zapatilla! No recuerdo si llegaron a tiempo de rescatarla pero estoy segura de que respiraron tranquilos al saber que no había ocurrido ninguna desgracia y todos nosotros estábamos bien.

Sin embargo, los largos ratos que pasábamos allí, tenían no sólo un fin lúdico sino que en muchas ocasiones echábamos una mano en lo que nos mandaban y podíamos como cuando realizábamos aquella tarea tan importante de "cuidar el agua".

El río iba disminuyendo su caudal a medida que avanzaba el verano con lo cual el agua era escasa precisamente cuando más se necesitaba. Entonces se establecía lo que se llamaba "la duda", una especie de turno entre los regantes para que se repartiera lo más equitativamente posible el preciado líquido. Había, un poco más arriba, una poza que se tapaba con piedras y terrones para que se fuera llenando poco a poco (entonces se aprovechaba para lavar la ropa) y cuando ya estaba lo suficientemente llena la abría el que le tocaba y regaba su parte. Pero, para evitar que algún "listillo", que los había, en algún descuido se saltara la "duda" y regara lo suyo sin tocarle, teníamos que hacer lo que llamábamos "guardar el agua" o "cuidar el agua", es decir vigilar para que nadie lo consiguiera. Digo que lo hacíamos porque era ésta una tarea encomendada normalmente a los niños durante todo el día, para lo cual llevábamos nuestra merienda o nos iban a llevar la comida al mediodía a la vez que nos relevaban durante algún rato. Cuando iba oscureciendo eran los padres los que se hacían cargo para que nosotros nos fuéramos a casa y, tirados en el suelo sobre su manta, se pasaban la noche en un duerme—vela que seguro que se le hacía más largo y tedioso que a nosotros que, en compañía de otros muchos niños corríamos las mil aventuras dentro y fuera del agua. ¡Parece que fue ayer y ha pasado más de medio siglo…!

UNA SOLUCIÓN INGENIOSA

Hacía mucho calor y el río Huebra, recién nacido en la falda del Pico Cervero, cruzaba el pueblo con escasa agua que se aprovechaba para regar los huertos.

Aquella noche mi padre había dormido en el huerto del Cahozo Hondo "al sereno", enrollado en su manta, "cuidando el agua" y, ya cerca del mediodía, cuando la poza se había llenado lo suficiente, comenzó a regar. Con su zacha abría y cerraba los surcos del cantero para que el agua, zigzagueando, llegara a todas las plantas.

Mi padre cuidaba el huerto con gran dedicación y mimo. Bueno, en muchas de las tareas colaboraba con él mi madre que también era una buena hortelana. Y es que las hortalizas que allí se producían eran, junto a la matanza, la leche de las cabras y los huevos de las gallinas, un complemento muy necesario para el escaso sueldo que entraba en la casa y que no era suficiente para nuestra numerosa familia.

Aquel día metió mi madre la comida en la fiambrera de aluminio, la colocó en la cesta de mimbre junto con el pan, la cubrió con el paño de cuadros rojos y me encargó que se la llevara a mi padre al huerto para que comiera.

Atravesé todo el pueblo, salí a las afueras y, tras saltar los grandes "pontones" de piedra que, a modo de puente salvaban el río, llegué tan contenta al huerto. Mi padre, más contento todavía por verme ¡y porque ya tenía hambre! me condujo hacia el viejo nogal y allí, tras sacar el botijo que había metido en la regadera para que el agua estuviera fresquita, extendió la manta a su sombra, nos sentamos y se dispuso a dar buena cuenta de la comida.

Al abrir la fiambrera, un olor delicioso salió de las alubias con chorizo que aún permanecían calientes. Tras sacar el pan, comenzó a revolver en la cesta bajo el paño de cuadros rojos como buscando algo y, de pronto me miró y me preguntó: —¿Y la cuchara? —¡Ay, se nos había olvidado meterla! Ante mi cara de disgusto y apuro mi padre, que tenía una habilidad especial para resolver "los problemas", me tranquilizó diciendo: —¡No te preocupes, lo importante es que no falte la comida!

Entonces sacó su navaja del bolsillo, cogió el pan, cortó un buen "coscurro", le quitó la miga que añadió al caldo y, con esa "cuchara de pan" se comió las alubias que le supieron a gloria.

¡Ah!, y al finalizar, como un riquísimo postre, ¡se comió "la cuchara" entre guiños y risas!

2021

LA IMPORTANCIA DE LOS SIGNOS

Hace aproximadamente 100 años ¡un siglo ya! que mi padre, el abuelo Antonio, comenzaba a asistir a la escuela de Ahigal, su pueblo. Fueron escasos los años que pudo permanecer en ella (al igual que la abuela y la mayoría de los niños de entonces) porque las penurias económicas de la familia le obligaron a trabajar, casi un niño, en distintas faenas del campo, tanto en su pueblo como en otros, para poder aportar unas pesetas a los escasos ingresos de la casa. Contaba muchas veces su experiencia de "trillique" en un pueblo vecino y las lágrimas que, oculto detrás de la parva, derramaba ¡para ganar un real diario! Siendo ya mayor formaba cuadrilla con otros paisanos para ir a la siega y fue una de esas veces cuando, al regresar, encontraron unas piedras que les parecieron muy buenas para afilar las hoces. Echaron unas cuantas a las alforjas y, como venían tan cansados, estuvieron discutiendo entre ellos si coger el tren hasta Lumbrales y luego andar "sólo" los últimos 12 kilómetros que quedaban hasta el pueblo pero, pensando en lo que les costaba el billete, decidieron caminar los más de 40 kilómetros cargados con las piedras pues, ¡como no tenían prisa podían descansar de vez en cuando!

A pesar de todo él siempre se interesó por la cultura y nunca dejó de aprender como lo demuestra el que en casa siempre hubiera periódico que, además de informarnos, formarnos y entretenernos, tenía otros muchos usos: envolver cosas, hacer de papel higiénico, encender la lumbre, cubrir los "vasares"... Ya de casado (el día de la "tornaboda" tuvo que dejar sola a la novia con los invitados para ir a examinarse) aprobó las oposiciones de Forestal, profesión que toda la vida ejerció. No obstante su sueño de niño, de ser Maestro, no lo pudo ver cumplido y por eso tanto empeño puso, junto con madre, para que nosotros tuviéramos los estudios y la cultura que ellos no pudieron tener. Es verdad que les costó gran sacrificio y privaciones el conseguirlo pero, ¡qué orgullosos se sentían y cómo lo daban todo por bien empleado! Una vez le dijeron a mi madre: ¡Qué suerte, todos los hijos con carrera! A lo que ella contestó: "Ellos han hecho las carreras pero los que más hemos tenido que correr hemos sido nosotros..."

Desde su paso por aquella escuela de la infancia conservaba mi padre ¡como oro en paño! una enciclopedia de la que nos leía historias, poesías y curiosidades. Más tarde nosotros mismos la hojeábamos con gran cuidado y aprendíamos cosas que, a pesar de los años transcurridos no hemos olvidado como "LA IMPORTANCIA DE LOS SIGNOS".

Contaba aquella historia que vivían, en una "familia bien", tres hermanas que se habían enamorado del mismo caballero y cada cual se imaginaba que era ella la preferida por él. Entonces pidieron al caballero, que vivía en otra ciudad, que les escribiera una carta para aclarar la situación y sacarlas de dudas.

En efecto, a los pocos días, recibieron la siguiente carta:

> Si obedecer es rigor digo pues que amo a Teresa no a Leonor cuya agudeza compite consigo ufana no aspira mi amor a Juana que no es poca su belleza.

Tomó la misiva la hermana mayor y la leyó así:

> Si obedecer es rigor digo pues que amo a Teresa. No a Leonor cuya agudeza compite consigo ufana. No aspira mi amor a Juana. ¡Que no! ¡es poca su belleza!

Seguidamente la cogió la hermana mediana leyéndola de la siguiente forma:

> Si obedecer es rigor ¿digo pues que amo a Teresa? No. A Leonor cuya agudeza compite consigo ufana. No aspira mi amor a Juana. ¡Que no! ¡es poca su belleza!

Por último le tocó el turno a la hermana pequeña que la interpretó de esta manera:

> Si obedecer es rigor ¿digo pues que amo a Teresa? No. ¿A Leonor cuya agudeza compite consigo ufana? No. Aspira mi amor a Juana ¡Que no es poca su belleza!

Terminada la lectura de las tres, cada una según sus intereses, rogaron al caballero que se la escribiera de nuevo, debidamente puntuada, para saber cuál era su verdadera preferencia y así descifrar definitivamente el enigma.

Días después recibieron de nuevo la carta, con los correspondientes signos de puntuación, que rubricaba claramente las intenciones del caballero. Era ésta:

> Si obedecer es rigor ¿digo pues que amo a Teresa? No. ¿A Leonor cuya agudeza compite consigo ufana? No. ¿Aspira mi amor a Juana? ¡Que no! ¡es poca su belleza!

Las tres hermanas, superado el disgusto y la decepción, tuvieron que admitir que, en realidad, el caballero ¡no quería a ninguna de ellas!

Alba de Tormes, mayo de 2010

FIESTAS Y ACONTECIMIENTOS FAMILIARES

El Bautizo

Pocos días después del nacimiento se llevaba a los niños a bautizar. Formaban la comitiva el padre, los padrinos, algunos familiares y amigos de la familia pero la madre permanecía en la casa hasta que, cumplidos los 40 días del parto, "salía a misa" para la purificación en la que, a semejanza de la Virgen, ofrecía un pan y una jarra de vino. Bueno los que no faltaban eran los niños del pueblo que se arrimaban bien a la pila para ver cómo le echaban el agua a la criatura.

De la ceremonia del bautizo en sí recuerdo pocas cosas aunque lo viví bien de cerca con el de los mellizos, Angelines y Antoñito (que luego murió a los 4 meses). La primera pregunta que el sacerdote hacía era: ¿qué traéis a la iglesia para bautizar infante o infanta? A lo que padre y padrinos contestaban según fuera niño o niña.

Como los rezos eran en latín a las promesas del bautismo contestábamos (sin saber lo que significaba) "arrenuncio", "credo" y "bolo".

De regreso a la casa era el gran momento de los niños. Se les ponía en fila dentro del corral y según iban saliendo recibían de la madrina las golosinas correspondientes: confites, bolas de anís, caramelos… Bueno, eso en los bautizos "rumbosos" como el de nuestros mellizos, pues en la mayoría les daban unas castañas, unas nueces o lo que tuvieran. Cuando todos los niños salían a la calle tenía lugar la "repañina" (el tiren). Los padrinos tiraban por alto las golosinas y algunas monedas para que los chiquillos corrieran a buscarlas entre empujones y pisotones hasta que se acababan. Cuando se quedaban un poco "rácanos" los padrinos, se les cantaba: "La madrina roñosa y el padrino capón y al muchacho que le den un cogotón"

Por último se invitaba a familiares y amistades con el consabido "bollo maimón" casero y los dulces que se habían hecho o comprado acompañados con vinos y licores.

La Primera Comunión

La 1ª Comunión era cada año una gran fiesta en el pueblo. Tenía lugar alrededor de los 7 años y la preparación era casi exclusivamente en la escuela pues diariamente dedicábamos los primeros minutos a explicar y preguntar el Catecismo (adelantábamos o retrasábamos puestos según nos lo supiéramos o no).

Ya cerca de la fecha, que casi siempre era el Jueves de la Ascensión, las madres nos preparaban los vestidos. Algunas "niñasbien", pocas, lucían bonitos vestidos comprados como la hija del secretario, que era nuestra amiga y compañera ese año, pero a la mayoría se lo hacía la madre o la modista del pueblo. A mí me lo hizo mi madre que era la que nos hacía toda la ropa (ya tenía la máquina de coser "Alfa" que aún conservamos). Era de crespón azul clarito con algunas lorzas y rematado con una puntillita blanca. Se complementaba, como era costumbre entonces, con un pequeño manto sujeto por una coronita blanca que llegaba hasta los hombros. Aquel manto, que creo que debe andar todavía por algún baúl, sirvió varios años para ponérselo a la Virgen en los belenes vivientes de las distintas escuelas donde ejercí mi magisterio y también se lo puso Isabel Mª en nuestro famoso "Belén familiar" como se puede ver en las fotos del evento. Se completaba el traje con una pequeña "limosnera" y los guantes. Llevábamos en la mano un ramito de flores blancas que, normalmente, era artificial pero yo lo llevé natural hecho con unas florecitas que mi padre trajo de la Sierra. ¡Cuántas veces he recordado después que no lo valoré mucho!... pues me gustó más el de Rosarito la "secretaria" que tenía hasta una lucecita en el centro y fue "la envidia" de todas… ¡cosas de niñas! También llevábamos un librito, misal infantil, y un rosario, generalmente blanco; el mío era "de plata" muy bonito, que aún conservamos.

Llegado el día, y previa confesión el día anterior, nos lavábamos bien, con mucho cuidado de que no nos entrara agua en la boca para no romper "el ayuno desde las doce de la noche antecedente" como decía el Catecismo, nos vestíamos y nos íbamos hasta la plaza, que era donde nos reuníamos todos para subir juntos a la iglesia. Nos poníamos en dos filas, niños y niñas y emprendíamos la marcha, cuesta arriba, cantando: "Vamos niños al Sagrario —que Jesús llorando está— pero en viendo a tantos niños —muy contento se pondrá—. No llores Jesús no llores —que nos vas a hacer llorar— que los niños de este pueblo —te queremos consolar—. Vamos niños…

Ya en la iglesia ocupábamos nuestros reclinatorios, que las madres habían forrado con sábanas blancas y adornado con flores. Transcurría la ceremonia con gran emoción por nuestra parte sobre todo en el momento de recibir la Comunión. Al final de la misa cada niño recitaba una poesía, alusiva a la Eucaristía, que habíamos aprendido en la escuela, con los siguientes "nervios" y confusiones ¡y los aplausos de los presentes!

A continuación pasábamos a la sacristía donde nos tomábamos un chocolate con bizcochos, que las madres habían llevado para que no nos desmayáramos con el ayuno.

Después de comer en casa, cada uno con su familia e invitados, subíamos otra vez a la iglesia para rezar el Rosario y, desde allí, creo que solamente el grupo de niñas, recorríamos las calles para que la gente nos viera y nos diera algunas "perrillas" con las que luego, en alguna de las casas, hacíamos "la migá" y pasábamos un buen rato. La migá no era más que eso: leche migada con pan pero que en aquellos tiempos, en los que muchos apenas probaban la leche y no se hartaban de pan, era un verdadero manjar que comíamos en una gran cazuela de barro y nos sabía "a gloria". Así terminaba el gran día que nunca hemos olvidado.

Bueno, algunos se iban después a Navarredonda para que el Señor "California" le hiciera las fotos y a otros, como a mí, nos las hizo un fotógrafo (el retratista) que iba por allí, Siro, con su viejísima "máquina de retratar" que tenía una mugrienta "manga" oscura por donde manipulaba con la mano y aquel "ojo" por el que siempre esperábamos que saliera "el pajarito" pero nunca salía. Este hombre hacía unas fotos tan malas que, en mi caso ¡no se sabe si soy yo o es otra la retratada!

Tengo que decir también que Feli y Angelines llevaron el mismo vestido y los mismos complementos que yo el día de su

Primera Comunión, como era frecuente entre las hermanas de las familias de entonces. ¡Ah y que no recuerdo que nos dieran ningún regalo…! Pero, ¡¡qué felices éramos!!

Alba de Tormes, mayo de 2013

La boda

La boda en aquellos años era también una gran fiesta para todo el pueblo pues, en los dos días que duraba, había actos a los que se podían unir cuantos quisieran y pasárselo en grande.

Ya, el domingo del segundo pregón o amonestación, el sacerdote en la misa daba a conocer públicamente el compromiso con la fórmula (más o menos): "…si alguien conoce algún impedimento por el que este matrimonio no deba ser contraído tiene la obligación de manifestarlo". Ese mismo día y los siguientes tenía lugar una costumbre curiosa. La novia exponía, en la mejor habitación de la casa, el ajuar que durante mucho tiempo había bordado y el resto de ropas que aportaba al matrimonio. Entonces, amigos y conocidos, se acercaban a verlo, "a llevar los huevos" (que emplearían en hacer los dulces del festejo) y a dar la enhorabuena. Era ésta una tarea encomendada generalmente a los niños y nosotras íbamos, la que le tocara, tan contentas con la cestita que había hecho mi madre para el efecto, de paja trenzada y con remates de cordoncillo azul, porque siempre te obsequiaban con una "bainilla". Eso sí, la bainilla la guardábamos en la cestita y, al llegar a casa, la partíamos y repartíamos entre todos los hermanos.

Los días de vísperas los familiares más allegados iban a ayudar a preparar las carnes: se mataba una ternera (la gente que podía), una oveja o corderos, o pollos…y se hacía gran cantidad de dulces de varias clases.

Las novias, en general, iban vestidas de negro con velo o mantilla pero algunas, más ricas, ya vestían de blanco.

El día de la boda desde primera hora se oía el tamboril y la gaita anunciando la fiesta. Desde la casa del novio partía éste con sus invitados, tras el tamborilero, hasta la casa de la novia que esperaba con los suyos y, después de tomar los correspondientes dulces y bebidas, se encaminaban todos a la iglesia. Había, como ahora, madrina y padrino pero estaba también "la sotamadrina" que era una chica joven, hermana o sobrina de la novia. Ésta tenía la misión de repartir unas monedas a los invitados al empezar la misa para que luego las fueran a ofrecer al altar y de ir tirando los caramelos a la salida hasta llegar a la secretaría cuya plazuela se llenaba de "espectadores" chicos y grandes. Durante todo este recorrido se cantaban canciones típicas para la ocasión: "Con el sí que dio la novia —a la puerta de la iglesia— con el sí que dio la novia entró libre y salió presa. ¡hi,ji,ji,ji! (aquí un jijeo que hacían muy bien algunas mujeres, entre ellas la madre de Ángeles) Y continuaba: Esta calle está enrollada —de naranjas y limones— que la ha enrollado el novio —el día de los pregones ¡hi,ji,ji,ji! La madrina es una rosa —y el padrino es un clavel— y la novia es un espejo— y el novio se mira en él. ¡hi,ji,ji,ji! Qué bonita está la sierra con el tomillo florido —más bonita está la novia— al lado de su marido. ¡hi,ji,ji,ji!

Tras bailar unos bailes en la plaza se dirigían a comer. La comida, a base de arroz y carne rematada con flanes o natillas y con abundante vino, se hacía en el corral debidamente acondicionado (a veces ponían en el techo sábanas y mantas para que no cayeran pajas de la "tenada" que había encima del doble). Sobre grandes tableros se extendían los manteles , que frecuentemente se pedían prestados a amigos y vecinos, así como los platos y cubiertos y se ponían grandes fuentes con los menús en medio para que cada cual se sirviera lo que quisiera. Durante la comida, que se prolongaba un buen rato, se cantaba y hacían bromas continuamente y, de vez en cuando, sonaba el tamboril y la gaita con un toque especial que significaba: "¡a besar!" Entonces se preparaba un gran alboroto y los mozos intentaban besar a las mozas, aunque pocas veces lo conseguían. También era costumbre que los padrinos dieran dinero a los mozos y si se resistían podían hacerles mil "perrerías" como una vez que vi yo desde la puerta, cerca de casa, unos padrinos colgados de una viga del techo mientras los demás comían.

Acabada la comida se dirigían todos, invitados y no invitados, a la plaza para presenciar "la espiga". Se sentaban los novios ante una mesa y alrededor se situaba el resto de la gente. "El pregonero" iba recibiendo regalo tras regalo, que alguna hermana o familia de la novia sacaba de baúles y cajas y, a la vez que lo mostraba a la gente dando una vuelta completa, pregonaba en voz alta: "Estas sábanas de parte de la madrina, y se acercaba la madrina a los novios y les daba un beso; esta cazuela de parte de la tía Fulana y lo mismo, el señor Fulano una cabra que está en el corral"… Y así hasta el final. Siempre había alguna broma de los mozos regalándole un orinal (del que luego bebían el vino) o un chupete… Cuando no había más regalos comenzaban con el dinero que era cosa casi exclusivamente de los hombres: "El padre de la novia 1000 pesetas, el padrino 500, el tío Juan que no ha podido venir 25 pesetas…" Recuerdo en la boda de mi amiga Conchita en Las Casillas de Monleón que un pariente le espigó 1000 pesetas en billetes de 100 y se los iba tirando uno a uno pero, como hacía viento, cada billete le costaba a la novia una carrera con el consiguiente jolgorio de los presentes.

Después de la espiga se formaba el baile en el salón al ritmo del manubrio o la gramola hasta la hora de la cena. Después de cenar los novios intentaban escaparse a dormir a casa de algún pariente y en cuanto se les echaba de menos mozos y mozas comenzaban la búsqueda de casa en casa hasta que los encontraban y seguían toda la noche de juerga. Entretanto las chicas también se escondían por miedo a que le hicieran "la sangría". Era este un rito que consistía en untarlas en la pierna con un ungüento hecho con agua y pimentón (para que pareciera sangre) si no le pagaban las pesetas que le pedían y que luego se gastaban en vino entre ellos.

Al día siguiente era "la tornaboda". Se desayunaba en casa de la novia chocolate con bizcochos y toda la comitiva se dirigía a la iglesia para oír la misa del domingo pues las bodas se celebraban en sábado. Cuando terminaba la misa ya estaban los mozos esperando a los novios con un burro bien adornado con flores y cintas para la "bajada triunfal". Lo malo es que siempre iba alguno delante del burro "echándole incienso" con una lata llena de gomas y pelos ardiendo que olía fatal.

A continuación los llevaban "a arar". Fuera del pueblo los enganchaban a un yugo con un arado y los hacían arar un pequeño o ¡gran! surco antes de ir a comer.

Terminada la comida era el momento de "bailar la Rosca". De nuevo se daba cita el pueblo entero para presenciar el espectáculo. El tamborilero, el señor "Rabicano" (se llamaba Juan Antonio) era un gran profesional de muchos años y tocaba de maravilla. Alrededor de una mesa en la que estaba la rosca (bollo maimón adornado con flores y confites) iban bailando las parejas que querían los distintos pasos que el tamboril y la gaita marcaban (me parece que eran tres pasos distintos) y cada pareja cogía una flor y un confite. Al final se repartía la rosca entre los participantes y algún allegado. Era frecuente, porque la gente se lo pedía, que el tamborilero bailara con su mujer sin dejar de tocar, cosa que nos admiraba mucho. Bueno, las niñas imitábamos los pasos de los mayores y, en torno a una piedra, bailábamos nuestra rosca particular.

Después del baile de la rosca se terminaba la boda y cada cual se iba a su casa cansados pero ¡tan contentos y esperando la siguiente!

Bueno la "solemnidad y rumbosidad" de la boda dependía siempre del estatus de la familia. Yo recuerdo que a la única boda que asistí, en representación de la familia, por la amistad que nos unía, fue de las más rumbosas pues "los Alegrías" eran de los más ricos del pueblo y la disfruté muchísimo.

Un hecho curioso que se me viene a la memoria es que cuando algún viudo o viuda se "ennoviaba" se le daba la "cencerrá". Mozos y no tan mozos (yo recuerdo que fui una vez) se agarraban los cencerros más grandes que tuvieran de las vacas y, haciéndolos sonar con fuerza, se plantaban ante la puerta, por la noche, a darles la "serenata".

ENTIERROS Y FUNERALES

Aunque nosotros éramos pequeños asistíamos a casi todos los entierros pero no recuerdo haber ido a ningún duelo ni vela en las casas. Si se me quedó grabado las grandes voces y chillidos que, sobre todo las mujeres, daban por la calle y en el cementerio. Otra cosa que no he olvidado es lo interminables que se nos hacían los funerales. Ponían el "catafalco" en medio con el difunto y, sentados a ambos lados, sacerdote y sacristán, se pasaban largo rato entonando "reginjonias" en latín revestidos de negro, como todos los familiares que guardaban los lutos años y años por lo que había veces que enlazaban unos con otros como en la película "La niña de luto".

Las cajas o ataúdes las hacían los carpinteros y luego las forraban con tela negra y le clavaban la tapa con puntas. Las de los niños, que en aquella época morían bastantes, se forraban con tela de colores, con florecitas. Al menos así era la del hermano Antoñito: azul con flores rojas y la llevaron los niños, turnándose, al cementerio donde fue enterrado a la entrada, a la izquierda de la puerta. (Tenía 4 meses y no sé de qué murió pero no se me olvidan sus ojos rojos).

Semana Santa

La Cuaresma, en aquellos años lejanos de nuestra infancia, era un tiempo que se nos hacía especialmente largo y tedioso. Hay que tener en cuenta que durante los cuarenta días se suspendía el baile "de manubrio" de cada domingo y, aunque nos las ingeniábamos para pasarlo bien con los paseos carretera arriba y carretera abajo, así como con los numerosos juegos que conocíamos, no era lo mismo. La televisión no existía y poca gente tenía radio, pero seguro que si la hubiéramos tenido se mantendría apagada, pues la cosa era tan rigurosa que no se nos permitía ¡ni cantar! Nosotras, que éramos "muy cantarinas", pasábamos verdaderos apuros pues, sin darnos cuenta, entonábamos una canción y, rápidamente, nos llevábamos las manos a la boca a la vez que decíamos: ¡Ay, no me acordaba!

Ya, antes de la Cuaresma, habíamos ido a "comprar la Bula" que nos permitía disminuir los días de abstinencia y ayuno, aunque aún quedaban bastantes que se llevaban a "rajatabla". Luego estaba "el día de las confesiones" para el "Cumplimiento Pascual" (confesar y comulgar por Pascua Florida) al final del cual nos daban "la cédula" de justificación que, pasada la Cuaresma, recogía por las casas Don Lázaro, el sacerdote, acompañado por los monaguillos con la correspondiente cesta en la que iban depositando lo que buenamente le dábamos cada familia: huevos, embutidos, garbanzos, alubias… con lo que el cura y "el ama", Ricarda, aliviaban su escasa economía.

Por supuesto que durante todo ese tiempo no se volvían a oír las campanas y se sustituían por ruidosas "carracas" que recorrían las calles del pueblo para anunciar los distintos actos de la iglesia, en la que previamente se habían tapado las imágenes de los distintos altares, hasta el día de Resurrección, cuando todo volvía a la normalidad.

De las celebraciones propias de la Semana Santa recuerdo algunos detalles sueltos, como antiguas fotos de color sepia, pues desde que nos fuimos a estudiar a Salamanca no volvíamos al pueblo más que en las vacaciones de Navidad y en las del verano, para poder preparar así los exámenes finales que ya estaban próximos y a la vez evitar un gasto más con el viaje. Pero, como no hay mal que por bien no venga, también aprovechábamos para conocer y disfrutar las magníficas procesiones de la capital, Salamanca, de las que no nos perdíamos ni una, fueran de noche, de día, de madrugada…o empalmando unas con otras.

Entre los momentos que me vienen a la memoria de las celebraciones de mi pueblo, Escurial, está el "Monumento" del Jueves Santo. Ante el altar lateral de la izquierda se colgaban una especie de telones pintados en los que apenas se distinguían las escenas que representaban pues debían de ser antiquísimos. Sobre el suelo se colocaban una especie de escalones, forrados con colchas y sábanas sobre los que cada familia colocaba su vasito de cristal con agua y aceite en los que flotaban lamparillas encendidas y, entre ellos, se distribuían naranjas y limones a modo de adorno, a falta de flores. Todo ello formaba en la penumbra del templo un conjunto misterioso y encantador en medio del cual destacaba con toda solemnidad La Custodia con la Eucaristía.

Ante el Monumento, de rodillas, rezábamos las siete estaciones. Al término de cada una salíamos a la calle y cogíamos una piedrecilla que guardábamos cuidadosamente. Cuando reuníamos las siete corríamos a la trasera de la iglesia y las arrojábamos con fuerza al campo con la intención, según habíamos oído, de que se bendijeran las cosechas y, especialmente, que no se "quemaran" los garbanzos (una enfermedad propia que los dejaba secos y sin fruto).

El Viernes Santo se hacía la "adoración de la Cruz" arrodillándonos tres veces al ir y otras tres al venir pero cuidando de no darle la espalda para lo cual debíamos hacer el regreso hacia atrás. Después, ya por la noche, llegaba la hora esperada de "Los Calvarios" en la que algunas familias o grupos, todos los que quisieran, cantaban sus Vía Crucis lo mejor que podían y sabían por lo que, a veces, nos pasábamos largo tiempo en este acto. En una ocasión recuerdo que nosotros mismos, los seis de la familia, participamos cantando un "Calvario" que los padres guardaban de Ahigal y que conservamos aún escrito de puño y letra por madre con el título "Saetas" y copiado después por alguno de nosotros. Otra vez cantamos "A la Virgen de los Dolores" cuyo original está escrito por padre y completado con una estrofa de letra de madre en el que, a modo de estribillo, se repetía: "Dadnos una buena muerte, oh Virgen de los Dolores".

La Vigilia Pascual se celebraba el sábado por la mañana (entonces no había misas por la tarde ni por la noche) pero la verdadera fiesta de la Resurrección tenía lugar el Domingo. Se hacía la procesión alrededor de la iglesia, la Virgen de luto por un lado y una imagen del niño Jesús por el otro. Cuando se encontraban se hacían unos ritos muy bonitos a la vez que se escuchaban hermosos y antiguos cantos alusivos: "…ya se besaron las cruces — ya se chocan los pendones — que resucitó Jesús — el Redentor de los hombres…"O también: "Señor cura, por favor— cámbiele el manto a María— quítele el de la tristeza— póngale el de la alegría".

Ese mismo domingo, después de comer, los niños cogíamos nuestros hornazos y, en pandilla, nos íbamos al campo a merendar y pasar la tarde entre juegos, risas y alguna que otra travesura. Al día siguiente, Lunes de Pascua, continuaba la fiesta para todo el pueblo (allí no se conocía el Lunes de aguas).

Han transcurrido muchos años y algunas de aquellas costumbres quizás se hayan perdido pero en mi memoria, entre tinieblas ¡se conservan tantas vivencias infantiles…!

Alba de Tormes, marzo de 2010

AQUEL VIAJE… HACE 70 AÑOS

¡Cuidado, que vienen las vacas! —gritaba mi madre—. Entonces corríamos hacia la casa, abríamos el portón y nos metíamos en el corral. Cuando pasaba el "peligro" salíamos de nuevo a la calle y seguíamos jugando… Y es que en aquel pequeño pueblo convivíamos estrechamente con los animales: el burro que llevaba la carga, los cerdos que tras la matanza nos alimentarían todo el año, las cabras que nos daban la leche para el desayuno, las gallinas que ponían aquellos huevos tan sabrosos y que además nos servían de "moneda" en aquel trueque tan frecuente…

Nadie tenía entonces en el pueblo aparato de radio y pocos éramos los privilegiados que podíamos enterarnos de lo que ocurría fuera de allí. En nuestra casa siempre conocí el periódico, que, después de leído tenía los más diversos usos.

No llegaba allí el coche de línea y nadie disponía de coche particular, por lo que muchas personas nacían y morían sin salir del pueblo más lejos de lo que el burro o el carro las pudiera llevar. Por eso, cuando en casa se recibió aquella carta, nuestra imaginación empezó a volar.

Se casaba una prima en el pueblo de los abuelos y asistiríamos a la boda la familia en pleno. Para nosotros, los cuatro hermanos, el hacer aquel viaje sería una "aventura" increíble (me imagino que mis padres se echarían a temblar…)

Tras preparar el equipaje con "los majos" para el acontecimiento, un buen día antes de amanecer, nos pusimos en camino. Teníamos por delante varias etapas hasta llegar a nuestro destino.

La primera, hasta Tamames, la haríamos en una tartana tirada por una mula que el dueño del comercio (de aquellos que vendían de todo) utilizaba para su negocio y que, por la amistad que tenía con mi padre, nos había prestado. Su hijo la conducía para traerla luego de regreso. La tartana estaba "bien" acondicionada pues la cubría un toldo y disponía a ambos lados de una especie de bancos que, con alguna silla más, eran suficientes para todos. Con el traqueteo, por aquel camino de tierra y piedras y la penumbra del amanecer, nos quedamos dormidos.

Cuando nos despertamos ya lucía el sol y nos bajamos de la tartana junto a la parada del coche de línea, que poco después llegaba haciendo sonar su bocina… ¡Nos pareció enorme! y nos quedamos maravillados de que pudiera correr a "tanta velocidad" y llevara dentro tanta gente. Subimos y, ocupando nuestros asientos, nos dispusimos a emprender la segunda etapa de nuestro viaje, hasta La Fuente de San Esteban.

Ya era cerca del mediodía cuando llegábamos a la estación del ferrocarril de aquel pueblo "tan importante". Mientras llegaba nuestro tren entramos en la posada y, junto a la gran chimenea, nos calentamos y dimos buena cuenta de las viandas que mi madre fue sacando de la fiambrera y que, con un trozo de pan reciente, nos supieron a gloria. Aún tuvimos que esperar un rato y yo, que era un poco curiosa y bastante inquieta, me salí a la calle para ver los trenes. Al darse cuenta de mi ausencia fueron en mi busca y, al no encontrarme, a alguien se le ocurrió subir a un tren que permanecía parado en el andén. ¡Allí estaba yo sentada tan cómodamente en una butaca del vagón de primera! La regañina fue mayúscula… ¡y con toda la razón!

Al fin llegó nuestro tren y subimos para hacer nuestra tercera etapa hasta Lumbrales. A todos nos gustó mucho el tren ¡tan largo, con aquella chimenea escupiendo humo, aquellos pitidos penetrantes y aquel traqueteo tan característico…! Bueno, a mí me gustó mucho menos que el otro, sobre todo porque estos asientos de madera ¡eran tan duros e incómodos!

No fue muy largo el trayecto y por fin, bien avanzada la tarde, nos apeamos del tren pero… ¡aún nos quedaba una última etapa hasta llegar a Ahigal! Allí, en la misma estación, nos esperaba ya una de las primas con dos burros para transportarnos, personas y equipajes, a nuestro destino. Llegamos de noche y con tanto cansancio y sueño que, tras los saludos de rigor, nos fuimos inmediatamente a la cama.

De los días que estuvimos en el pueblo y de la boda no recuerdo muchas cosas: ¡era tan pequeña y han pasado tantos años!

Me vienen a la memoria escenas y vivencias sueltas y deslavazadas, como un álbum de fotos en color sepia sin orden ni concierto:

Un día iba con una de mis tías y alguien le preguntó: ¿De quién es esta niña? A lo que ella le contestó: De Toño el "obleero". Yo no entendí nada hasta que llegamos a la casa de otra de mis tías. A mi padre, el señor Antonio, allí todos lo llamaban Toño y lo de "obleero"… junto a la lumbre estaba mi tía haciendo las ricas obleas que, por tradición, se incluían en el convite de las bodas junto a las almendras garrapiñadas, los repelaos," los chochos salaos" (altramuces) y otras exquisiteces. Toda la familia de mi padre se dedicaba a "fabricar" las obleas para las bodas y demás festejos.

Una de las cosas que recuerdo de la boda es lo que allí llamaban "el ratón". Consistía en el recorrido que novios, padrinos e invitados, hacían por las calles del pueblo, acompañados del tamborilero y cantando preciosas y típicas canciones. Algunos llevaban grandes cestas de mimbre que los vecinos iban llenando de los más variados productos como obsequio a los novios. Tampoco se me ha olvidado aquella visita secreta al "sobrao". Allí, en el suelo, se enfriaban platos y platos de natillas para el postre del "banquete de bodas" y "alguien" se cayó en ellos…

Pero lo mejor que me ocurrió en aquel viaje fue ¡conocer al abuelo! Era ya muy mayor y vivía con los hijos pero su figura me impresionó: allí, sentado en su silla baja "de enea" junto a la lumbre, con su amplia camisola gris, leía con avidez y sin gafas, un libro… ¡era El Quijote!

Cuando, casi 70 años después, tras recorrer a lo largo de mi vida tantos países en los más variados medios de transporte, recuerdo las "aventuras" de éste, mi primer viaje, me parece tan irreal que no puedo menos de preguntarme: ¿Estaré soñando?

Pero no, ¡todo aquello fue real y me marcó para siempre!: Porque fue la primera vez que viajé en coche y en tren, porque "descubrí" el pueblo de mis raíces y un montón de tíos y primos… pero sobre todo ¡¡PORQUE CONOCÍ AL ABUELO!! Era el único que tenía y nunca más lo volví a ver, pero su imagen sigue viva en mi memoria y en mi corazón.

MAÍZ
Tercer Premio del Concurso Intergeneracional de La Gaceta de Salamanca "Memoria del Corazón"

Noviembre 2017

¡A LA FERIA!

Padre, ¡lléveme a la feria! ¡quiero ir a Salamanca!

Esa era la "cantinela" que en los últimos días repetía yo machaconamente. Y es que había llegado a mis oídos que mi padre iría a la feria de Salamanca para vender una potrilla que la yegua había criado y que, por haber tenido otra cría hacía poco, era necesario quitar la grande que ya estaba en buen momento para "domarla" y hacerla útil.

La ilusión que yo tenía de conocer Salamanca era muy grande pues, con nueve o diez años, no había ido nunca. Bueno, eso era lo más corriente entre la gente del pueblo porque allí no llegaba el coche de línea y había que ir andando o en caballería hasta Linares, a casi seis kilómetros de Escurial para poder cogerlo. Por tanto, sólo en casos muy necesarios, casi siempre por consultas médicas o ferias, como en este caso, algunas personas visitaban la capital.

Después de tratar de convencerme mis padres de que me iba a cansar mucho, que iba a pasar mucho frío y otros inconvenientes yo, que debía tener la cabecita bien puesta, seguí dando la lata hasta conseguir que me dejaran ir.

Ya en vísperas de fecha tan esperada se me puso un dedo malo, lo tenía infectado y me dolía bastante, pero yo me cuidé bien de que nadie se enterara por si acaso se volvían atrás y me hacían quedar en casa.

Era domingo de Resurrección y al día siguiente, lunes de Pascua, se celebraba en Salamanca la tradicional "Feria de Botigueros" a la que concurrían, desde distintos puntos de la provincia, multitud de feriantes para la compra-venta de toda clase de animales.

El día amaneció soleado pero la temperatura era baja porque una buena helada cubría los campos de blanco. Apenas había salido el sol cuando mi padre y yo dejábamos la casa con la yegua y las dos potrillas. A la salida del pueblo nos unimos a un grupo de conocidos para hacer el camino juntos.

Yo en seguida me acomodé encima de la yegua bien arrebujada en la toquilla de lana de mi madre, a pesar de lo cual comencé a quejarme del frío que hacía. Mi padre, que iba caminando como algunos otros, me invitó a bajarme y caminar un rato para "entrar en calor". Y así lo hice, aunque por poco tiempo, porque me cansé pronto de caminar y me volví a montar en la yegua.

En esto el sol iba cobrando fuerzas y el hielo desaparecía como por arte de magia con lo que fue pasando el frío y se quedó un día estupendo.

A media mañana llegamos a un pueblo en el que personas y animales haríamos un alto para descansar y reponer fuerzas con un "tentempié". Soltaron las caballerías en una pradera para que hicieran lo propio y dimos cuenta de nuestras viandas. En ese momento las campanas de la iglesia repicaban a fiesta y decidimos asistir a la misa. Cuando terminó recogimos el ganado y reanudamos la marcha, yo bien acomodada en la caballería y mi padre anda que te anda… ¡y así los 60 kilómetros que separaban Escurial de Salamanca!

Al atardecer llegábamos a Aldeatejada, a sólo 5 kms. de nuestro destino, pero por aquel día ya era suficiente. Así pues buscamos una posada y nos dispusimos a pasar en ella la noche. Tenía nuestro"hotel" un gran portalón con numerosos sacos rellenos de paja que serían nuestras camas. Muchos ya estaban ocupados por los feriantes que habían ido llegando. Buscamos acomodo donde pudimos y nos dispusimos a dormir. Yo tenía un poco de miedo pero me arrimé bien a mi padre y me quedé dormida.

Por la mañana, bastante pronto, seguimos nuestro camino hacia Salamanca. Cuando llegamos al "Teso de la feria" ya había muchísimo ganado de todas clases y los "tratantes" hacían sus primeros negocios. Entonces, como no sabíamos lo que podría tardar mi padre en la venta, dejó los animales al cuidado de un amigo y me fue a llevar a casa de unos del pueblo que vivían en el barrio de los Alambres, cerquita de allí.

Era ésta una familia que se había venido a la ciudad por pura necesidad pues vivían muy pobremente. El padre, que era alba-ñil, había construido (me imagino que en "tierra de nadie" como otras muchas) una casita de lo más sencilla y elemental y, aún sin terminarla, se había metido en ella toda la familia. ¡Siguen igual que en el pueblo! —pensé yo— pero, de pronto, se oyó una voz que cantaba: "A lo loco, a lo loco, ay que ver cómo vive fulana, a lo loco, a lo loco, cómo tira el dinero mengana, a lo loco, a lo loco, ay que ver cómo baila el bayón, a lo loco, a lo loco, a lo loco, a lo loco se vive mejor…" Entonces fue cuando me fijé en aquello y no salía de mi asombro: ¡¡Tenían radio!! Allí, sobre una palomilla clavada en los ladrillos de la pared sin tender, había un bonito aparato de radio en el que se escuchaba la canción de moda. ¡Ah! aunque la casa estuviera sin terminar, fue un detalle que me hizo cambiar de opinión sobre su progreso, pues solamente el médico y un guardia retirado que se vino de Barcelona disponían de radio en el pueblo. Comí con ellos y jugué con una amiga de mi edad hasta que, por la tarde, volvió mi padre a buscarme. Había vendido la yegua y la potrita pequeña y se había quedado con la grande para que le sirviera de montura, cuando estuviera preparada, y poder así se-guir recorriendo la sierra en su trabajo de Forestal. Por tanto él se volvería andando otra vez al pueblo y a mí me llevaría al coche de línea para que regresara a Linares donde le esperaría hasta que él llegara y nos fuéramos juntos a Escurial de nuevo.

Pero aún tuvimos tiempo aquella tarde para ir a "las ferias"y montarme en el "tiovivo".

Yo tenía una ilusión grandísima, sin embargo no fue aquella una experiencia muy agradable: me monté en un cisne precioso pero, en cuanto el carrusel comenzó a girar, mi cabeza empezó también a darme vueltas y, por otra parte, me resbalaba continuamente y no sabía dónde agarrarme, con lo cual se me hizo eterno el viaje y no veía el momento de bajarme. Cuando aquello paró, medio tambaleante me agarré a mi padre, que lo había pasado peor que yo pensando que me caía, y nos fuimos al coche de línea.

A todo esto mi dedo meñique había seguido hinchándose y llenándose de pus junto a la uña. Una vez acomodada en mi asiento del autobús me agarré al respaldo delantero a la vez que el hombre que lo ocupaba se apoyó para atrás con un poco de fuerza, con tan mala suerte que me pilló el dedo y se me reventó. Me cuidé mucho de que nadie me viera las lágrimas y, pasado el primer dolor, se me fue calmando, con lo que pude hacer el resto del viaje bastante mejor, aunque todavía un poco mareada.

De Salamanca no había visto nada pero fue una experiencia, para una niña que no había salido nunca del pueblo, que seguro que tuve historias para contar durante varios días a mis hermanas y amigas.

Alba de Tormes, mayo de 2009

EXCURSIÓN A LA PEÑA DE FRANCIA

La comedia había salido muy bien y con el sainete la gente del pueblo se había divertido mucho. Cada cual con su silla había acudido al salón del baile del señor Andrés Luis para ver la "función" y había pagado una peseta para que los "actores", con las maestras que nos habían ensayado, pudiéramos hacer una excursión a la Peña de Francia.

Como la recaudación había sido más bien escasa, y por otra parte el trayecto no era mucho (unos 40 kms.), decidieron contratar un camión de Linares para llevarnos. A nosotros, niños de 6 a

12 años, eso no nos importaba lo más mínimo e incluso nos parecía divertidísimo. Eran tantas las ganas que teníamos de hacer nuestra primera excursión que lo de menos era el transporte. Así pues se fijó la fecha del 30 de junio para despedir el curso escolar y esperamos con impaciencia la llegada del día soñado.

Nosotras iríamos las tres hermanas: yo, la mayor, tendría unos 11 años, Feli 9 y Angelines 6. Nuestra madre nos había hecho un hornazo para la merienda, en el horno de leña de la casa, aprovechando que por esos días tenía que amasar y cocer el pan como era costumbre por entonces. La víspera nos preparó la ropa y todo lo necesario para que lo pasáramos bien y nos fuimos a dormir nerviosas e ilusionadas.

Pero aquel 30 de junio, aunque ya estaba entrado el verano, amaneció desapacible y lluvioso. A pesar de todo nosotras, como las demás, acudimos puntuales a la escuela donde debíamos reunirnos. Poco después llegaron las maestras, hicieron el recuento, y nos dispusimos para salir, pero… el camión no llegaba. Pasaron los minutos, pasó casi una hora y ¡nada! Comenzamos a impacientarnos, y las maestras no sabían qué hacer: no había teléfono para poder llamar, nadie tenía coche en el pueblo para poder ir a Linares a ver qué ocurría… En esto, una de las niñas, Benigna, dijo que su hermano, que acababa de venir de la mili, tenía una bicicleta y a lo mejor quería ir. Efectivamente, Eugenio cogió su bici y comenzó a pedalear bajo la lluvia los casi 6 kms que separaban Escurial de Linares. Calculamos el tiempo que podría tardar en volver con el camión y nos pusimos de nuevo a jugar. El tiempo fue pasando y no aparecía ni uno ni otro. Ya cerca del mediodía vimos con gran alivio llegar el camión con los dos hombres y rápidamente nos dispusimos a subir a la caja y acomodarnos en el piso como mejor pudimos. Nos echaron el toldo para que no nos mojáramos, arrancó el vehículo y emprendimos la marcha.

Según explicó el conductor, al ver el mal día que había amanecido se imaginó que suspenderíamos la excursión y tranquilamente se había ido a la sierra a recoger fresas. Hasta allí tuvo que ir a buscarlo nuestro amigo con su bici y ésta había sido la causa del retraso. Para recompensar el esfuerzo de Eugenio le invitamos a venir con nosotros y gustoso aceptó acompañarnos.

Habríamos recorrido unos 10 kms cuando el camión se detuvo. El conductor se bajó, abrió el motor y empezó a manipular con sus herramientas: ¡malas noticias! Se había roto una pieza y no sabía si la podría arreglar para continuar. Lo intentó varias veces, giró la manivela de arranque y el motor se puso en marcha de nuevo. Según nos dijo debería ir despacito para que no se calentara, y así lo hizo. Pocos kms. después, apareció la Guardia Civil y nos mandó parar. —¿No saben que está prohibido llevar pasajeros en la caja del camión? —dijeron— Sigan adelante pero esto les va a costar una multa de 1000 pts. ¡Dios mío! —decían las maestras— ¿de dónde vamos a sacar tanto dinero? (seguramente pensaban en su sueldo que no llegaría a las 500 pts mensuales). Y, con esta preocupación, continuamos adelante. Por fin llegamos al Casarito, en la base de la Peña, y como ya era bastante tarde y teníamos mucha hambre, nos dispusimos a comer. Como la lluvia no cesaba, nos refugiamos para ello en una especie de cobertizo que amablemente nos cedió el dueño de un bar y allí dimos buena cuenta de nuestras meriendas.

Mientras tanto, el chófer del camión, había intentado arreglar un poco mejor la avería pero, según nos dijo, no se atrevía a subir las cuestas de los últimos kms hasta el Santuario. Después de deliberar un poco decidimos que las maestras con las niñas mayores y Eugenio, el de la bici, subiríamos andando por el sendero que había campo a través, y por el que tantos peregrinos llegaban hasta la Virgen. Los más pequeños se quedarían allí al cuidado del chófer hasta que bajáramos.

Nos pusimos a subir despacito pero pronto un grupo, entre los que se encontraba Feli, guiados por Eugenio que ya conocía el terreno, se adelantaron y pronto los perdimos de vista. La lluvia arreciaba y ya estábamos completamente calados. La tarde avanzaba, se comenzó a oscurecer y el Santuario aún no se divisaba. Entonces las maestras, muy preocupadas, decidieron que nos diéramos la vuelta. Algunas niñas lloraban y todas tiritábamos de frío. A doña Mercedes, se le había caído el moño postizo que llevaba y estaba bastante enfadada. Doña Domi, ante el panorama que tenía delante, dijo: "Vamos a rezar el Rosario para que no nos pase nada" a lo que Doña Mercedes contestó: ¡Bueno está el horno "pa" bollos!... y siguió caminando. No obstante comenzamos a rezar con más miedo que Fe. En uno de los cruces del sendero con la carretera divisamos las luces de un vehículo que se aproximaba. Nos paramos para que pasara y...¡era nuestro camión! Al fin el chófer se había apiadado de nosotros y se había arriesgado a subir a buscarnos. Montamos en el camión con gran alivio pero... ¿y el grupo que se nos había adelantado? Nos bajaría a nosotros —dijo— y luego subiría a buscarlos. Nos reunimos con los que habían quedado esperando en el Casarito, entre ellos Angelines, y volvió a recoger al resto. Cuando llegaron nos apretujamos en el camión para darnos calor unos a otros y comenzamos el regreso a casa. ¿Qué habéis visto? ¿Cómo era la Virgen? —preguntamos con curiosidad a los que habían llegado arriba—. Poco a poco nos contaron con pena que, después de lo mal que lo habían pasado para llegar, ¡no habían visto nada, ni a la Virgen! Gracias que los Dominicos los habían acogido en el convento, junto a un gran fuego, y les habían dado leche caliente con pastas... ¡habían sido tan amables! Les habían relatado nuestra aventura y se habían quedado impresionados. Aún nos harían otro favor por el que le estaríamos siempre agradecidos.

El viaje de regreso se nos hizo muy corto pues, en cuanto entramos en calor y con lo cansados que estábamos, nos quedamos dormidos. Y, sin más contratiempos, llegamos a Escurial. Era ya muy tarde y nuestros padres nos esperaban intranquilos y preocupados.

No habíamos visto a la Virgen, pero es seguro que ella había estado en todo momento con nosotros porque nos había devuelto "sanos" a casa...

Por ello, y a pesar de todo, le dimos las gracias.

Pocos días después llegó a la escuela una carta del Padre Constantino, el Prior de los Dominicos de la Peña, en la que nos decía que recordaba con mucho cariño su estancia entre nosotros cuando acompañó a la Virgen por los pueblos y lo bien que los habíamos recibido en Escurial. También nos comunicaba la gran noticia: Había intervenido ante la Guardia Civil y nos habían "perdonado" la multa. ¡Menudo peso se les quitó de encima a nuestras Maestras!… ¡No todo iba a ser malo!

Alba de Tormes, febrero de 2007

LA VISITA DEL REY MELCHOR

Aquel 5 de enero, víspera de Reyes, era como el de cada año: nervios, sueños e ilusiones…Nosotras, las tres hermanas, no escribíamos cartas a los Reyes porque en aquella época (década de los 50) las estrecheces eran tantas que no podíamos aspirar a grandes regalos, cosa que por otra parte ni echábamos de menos pues, si el contenido de nuestros zapatos era escaso, comparado con la mayoría del de nuestras amigas era extraordinario. Lo normal, en aquel pueblecito de Escurial, era que los niños recibieran como únicos regalos unas castañas y unas nueces, como mucho alguna naranja que ya era "un pequeño lujo". En cambio en nuestros zapatos no faltaba nunca "la caja de jalea" (o anguila de mazapán) rellena de diminutos confites, algunos caramelos, la caja de pinturas, a veces de "Alpino" ¡con seis pinturas¡ y una pelota o un rompecabezas (en la bota de mi padre porque según ponía en la nota que se adjuntaba era para los cuatro hermanos)… y poco más. La caja de jalea la "condurábamos" para varios días y, una vez vacía, la aprovechábamos para meter los "pocos tesoros" que teníamos; de los caramelos guardábamos el papel con todo cuidado, bien extendido, para dárselo a una vecina que hacía "gorras" de paja trenzada a las que, además de adornar con nuestros papeles de colorines, les ponía pequeños espejos en distintos lugares estratégicos que señalaban si la propietaria era soltera o casada; las pinturas las cuidábamos con gran esmero pues nos servían para colorear los dibujos que, durante todo el año, hacíamos en la escuela en nuestros cuadernos de hojas ásperas y morenas; con aquella pelota de goma, poco más que las de tenis, sustituiríamos las que nosotros mismos hacíamos con " el corazón" de trozos de goma de alpargatas y el exterior de lana vieja, estilo ovillo, bien apretado; con aquel rompecabezas de cartón, en el que se formaba un mapa-mundi, y con la ayuda del "hule" de la camilla en el que se veía el mapa de España íbamos aprendiendo Geografía…¡Cómo valorábamos nuestros regalos y cuánto jugo le sacábamos!

Aquella noche Juan no estaba en casa porque desde que ingresó en el Seminario se pasaba el curso completo sin volver desde septiembre hasta junio. Por tanto éramos las "chicas" las que esperábamos ansiosas la llegada de la noche y sobre todo ¡de la mañana siguiente!

Mi madre tenía la cena preparada y solamente esperábamos la llegada de mi padre para cenar rápidamente, poner nuestros zapatos en la ventana de la salita e irnos a dormir ¡si podíamos! Nos calentábamos bajo la chimenea junto al fuego porque la noche era muy fría y de pronto oímos la voz de mi padre: "Salid, que me he encontrado con el Rey Melchor y se ha venido conmigo, venid a verlo".

No nos lo podíamos creer y, en torbellino, atravesamos el corralón y nos plantamos en la calle. Allí, ante nosotras, estaba majestuoso el Rey Melchor ¡era verdad!... Dimos varias vueltas a su alrededor mientras nuestros ojos se hacían a la oscuridad. La verdad es que aquello no era un camello, ni tenía un rico manto, ni llevaba corona pero ¿qué importaba? Montaba un caballo negro y se cubría con un gran capote que casi le tapaba la cara. De pronto, cuando más absortas y entusiasmadas estábamos, se deshizo del capote y… ¡Pero si es Juan! Efectivamente era él en persona, el "camello" era nuestra yegua y el manto el capote de mi padre que tantos fríos le quitaba en su trabajo de Forestal por las sierras.

Pero ahora, tanto nosotras como mi madre, queríamos descifrar el misterio. ¿Cómo es que Juan estaba allí si no le daban vacaciones y, además, ya se estaban terminando?

Nuestra sorpresa era mayúscula pero la que se había llevado mi padre antes no lo era menos.

Cuando ese día llegó a comer, como siempre que a esa hora estaba en Linares, a casa de la Señora Piedad (Café España), ésta salió a su encuentro y le dijo: "Señor Antonio, tengo que darle una mala noticia ¿quiere que se la de ahora o le pongo la comida y después se la doy?" A lo que mi padre, con ese humor que lo caracterizaba, le contestó: "Pues mire, he pensado que primero voy a comer, no siendo que se me quiten las ganas". Comió tranquilamente y en cuanto terminó se dispuso a escuchar a la mujer. "Ha llamado Juan desde Salamanca —dijo— para que lo espere en el coche de línea porque se viene". La Señora Piedad era como de la familia y como ella misma tenía un hijo en el Seminario y sabía cómo iba el tema no se le había ocurrido otra cosa que pensar en que Juan ya no quería ser cura y "colgaba los estudios". Eso era una mala noticia porque en aquella época el que un hijo fuera sacerdote constituía para toda la familia un gran honor... y si se salía era como una desgracia.

Llegó la hora del coche y, efectivamente, bajó de él Juan. Tras los saludos, la intriga de mi padre terminó al escuchar la explicación de su propia boca: había entrado la gripe en el Seminario de tal forma que casi todos los seminaristas estaban afectados y por ese motivo los mandaban a casa unos días hasta que se les pasara.

Ya repuestos todos de la sorpresa y descifrado el misterio del Rey Melchor cenamos juntos con gran alegría y, tras dejar bien colocados los zapatos, nos fuimos a la cama. Pocos días después, una vez recuperado, Juan regresó a Salamanca, nosotras volvimos a la escuela y toda la vida familiar recuperó la normalidad pero, ¡aquella noche mágica perdurará entre nuestros recuerdos infantiles más entrañables!

* * *

Veinte años más tarde, década de los 70, eran nuestros hijos los que "escribían" sus cartas a los Reyes Magos y, cada 5 de enero, tras ver la cabalgata, subían a casa de los abuelos para dejar unos zapatos, ponían otros en la ventana de nuestro salón y se dormían con la misma impaciencia e ilusión que los niños de todas las generaciones.

Era la época "dorada" del plástico y variados juguetes multicolores se encontraban al despertar: construcciones, coches, muñecas...y chocolatinas en forma de paraguas, cigarrillos, monedas... y algún trocito de carbón ¡dulce, naturalmente! ¡Ah!, y casi siempre se completaba con algún billete hasta de 100 pesetas, como los que les dejaban en casa de Tita Isabelita que parecía que los acababan de fabricar de nuevos que eran… Y es que, como un ritual, después de recoger los regalos en nuestra casa y la de los abuelos, había que recorrer las de los tíos y primos compartiendo juegos y tomando los dulces típicos de esas fechas.

A veces disfrutaban más desarmando el juguete que jugando con él, por eso, cuando una tarde de Reyes bajó el abuelo a verles los regalos, se adelantó Miguel Ángel con un coche en la mano, se lo enseñó y le dijo: "Mira lalo qué bonito y ¡todavía me dura!"

* * *

Ahora son los nietos los que ya van escribiendo sus cartas a los Reyes y la dificultad que tienen sus Majestades es encontrar regalos que no tengan repetidos y que les gusten pero, cada año, todos juntos seguimos viviendo las mismas escenas de ilusión, sorpresa y alegría.

Alba de Tormes, vísperas de Reyes, 2010

A ESTUDIAR A SALAMANCA

Doña Domi, mi maestra, le repetía a mis padres muchas veces que me llevaran a estudiar. Mi padre, que según nos dijo muchas veces se había quedado con las ganas de ser Maestro y no pudo, también quería que nosotras estudiáramos. Pero Juan ya estaba en el Seminario y, aunque tenía beca, los gastos de ropa, libros y demás ya eran bastantes. Sin embargo al final los padres se decidieron y yo, que era la mayor, me iría a Salamanca a estudiar. Para ello se pusieron de acuerdo con Doña Domi y ella nos prepararía de ingreso y primero de Bachillerato, nos examinaríamos "por libres" y luego ya iríamos a hacer segundo al Instituto. Antes de continuar os diré por qué hablo en plural. Ángeles era "mi amiga del alma" pero como ella era hija única, yo para ella era como la hermana que nunca tuvo. Desde pequeñas (ella tenía un día menos que yo) nunca nos habíamos separado. Por eso sus padres quisieron que ella también estudiara, aunque para ello se tuvieron que ir unos años a trabajar a Francia para poder así sufragar sus estudios.

Estábamos muy bien preparadas para hacer ingreso y primero pero, nos presentamos al examen de ingreso en junio y nos suspendieron a las dos ¡no nos lo podíamos creer, ni nosotras ni nadie! Entonces Doña Domi fue a informarse de en qué habíamos fallado y le dijeron que habíamos dejado "el análisis" en blanco. Resulta que la maestra no se había enterado que lo exigían ¡y no nos lo había enseñado…! Bueno en septiembre aprobamos ingreso y primero con unas notas estupendas.

Para continuar nuestro Bachillerato nos quedamos "a pupilo" en una casa muy antigua de la Calle Traviesa (decían que allí había vivido San Juan de Sahagún) y asistíamos al Instituto Lucía de Medrano que estaba muy próximo. Después de la Reválida hicimos Magisterio en Anayita que era entonces la Escuela Normal de Maestros (las chicas teníamos las clases por la mañana y los chicos por la tarde). También se había unido a nosotras mi hermana Feli y otra pupila más, con lo que las 4 estuvimos juntas varios años estupendamente.

Nuestra vida de estudiantes era sobre todo para eso: ¡para estudiar! Salíamos muy poco; algunos ratos íbamos a jugar con las cadenas de la Catedral, a pasear, al cine ¡muy pocas veces…! Los domingos por la mañana íbamos a ver a Juan al Seminario pero, de camino, en la Plaza de Anaya, había un vendedor con una cesta llena de chucherías y nos gastábamos una peseta, por la que nos daba dos reales de bolitas de anís y dos caramelos con un globo. Las bolas de anís nos las comíamos con Juan y los caramelos y los globos los guardábamos para la tarde. Bueno, muchas tardes de los domingos las pasábamos jugando a las cartas con la patrona y su hija que no salían de casa porque estaban de luto.

La mayoría de la comida nos la mandaban del pueblo: patatas, huevos, garbanzos, matanza… Llevaba mi padre la "cesta" al coche de línea, a Linares, y luego nos la recogía en Salamanca un vecino que era "mozo de cuerda" y nos la entregaba en la casa. ¡Con qué ilusión la esperábamos pues en ella venía también la carta con las noticias de la familia y del pueblo! (no había teléfono) y hasta los sacos de cisco para el brasero, que lo hacía mi padre, nos llegaba así. Esta era la única calefacción que teníamos. Colocábamos el brasero bajo la camilla de 80 centímetros y allí estudiábamos las cuatro pupilas juntas.

Fueron tiempos duros para nosotras pero mucho más para los padres, que tuvieron que hacer tanto sacrificio y privarse de tantas cosas para que nosotros, los cuatro, pudiéramos hacer nuestras carreras. Cuando alguien le dijo a mi madre un día que qué suerte habíamos tenido le contestó: "Ellos han hecho las carreras pero los que más hemos tenido que correr somos nosotros…" ¡Siempre se sintieron orgullosos de sus hijos! Y nosotros orgullosos de haber tenido esos padres y muy agradecidos a ellos y a Dios que nos los dio.

DE ESCURIAL A ALBA… 50 AÑOS

¿Dónde estará la Basílica?— me preguntaba yo al entrar por primera vez en Alba. Hacía poco tiempo que Tita, "la Porrita", de los más ricos de Escurial, había venido a ver a la Santa y me había llevado una estampa en la que, al lado de la imagen, se veía la enorme Basílica con sus preciosas torres góticas sobresaliendo por encima de los tejados y el resto de las iglesias, y yo estaba deseando verla al natural: ¡de ahí mi decepción cuando comprobé que no había más que unos muros que parecían más bien ruinas antiguas! De todas formas desde aquel "coche de punto" en el que venía, apretujada entre varias personas más y la "toca" de Sor Jacinta con aquellas "alas" que se movían entre nosotros, apenas podía verse nada.

Sor Jacinta era una monja de la Caridad (La Milagrosa) a la que conocí ese día y con la que después tendríamos gran amistad pues nuestra casa estaba en frente del colegio y allí acudíamos con frecuencia: Angelines a las clases de Bachiller para después examinarse libre en Zamora, Juan a practicar piano, Feli y yo a coser y bordar a máquina…

Otro de los que ese día viajaba con nosotros era Jesús García que estaba cumpliendo la Mili y luciendo su uniforme de soldado venía a pasar unos días de permiso. Del resto no me acuerdo probablemente porque como no tenían uniforme…

Era el mes de agosto de 1959. Yo pasaba el verano en Salamanca preparando alguna asignatura que había suspendido en junio y, como eran las fiestas de la Transverberación de Santa Teresa, aproveché para pasar esos días con la familia y conocer Alba y nuestra nueva casa.

Hacía algunos meses que a mi padre, que llevaba 21 años en Escurial de Forestal, donde habíamos nacido los cuatro hermanos, lo habían trasladado a Alba. Bueno, en realidad el nuevo destino que le adjudicaron era El Maillo, un pueblecito de la sierra de Béjar bastante "perdido" y atrasado, sin apenas comunicación con el resto del mundo. Esto supuso un disgusto para la familia porque Juan estudiaba en la Universidad Pontificia gracias a una beca que, aunque no cubría todos sus gastos de Seminario y demás, era una gran ayuda en esos momentos en que Feli y yo también estábamos estudiando en Salamanca. Pues bien, si nos íbamos a vivir al Maillo, como pertenecía a la Diócesis de Plasencia, le quitarían dicha beca con lo que esto suponía para la economía familiar. Entonces mi padre se fue a Salamanca a exponer su situación a los Ingenieros del Distrito Forestal al que pertenecía. Gracias a Dios, y a la mucha estima en que lo tenían, accedieron a cambiarle el destino: ¡Iría a Alba de Tormes! ¡menuda diferencia!.

Así pues, en cuanto tuvo que tomar posesión, se vino a Alba para empezar a desempeñar su trabajo. Se alojó provisionalmente en la casa que el Señor Sixto y la Señora María, paisanos de Escurial, tenían en la Huerta la Pacha, en la otra orilla del Tormes. Allí, con este matrimonio, como uno más de su familia, estuvo algunos meses él solo hasta que, llegado el verano, se pudiera recoger la "cosecha" de trigo y hortalizas que habían sembrado y de paso buscar con calma una casa en renta donde poder instalarnos

A primeros de agosto tuvo lugar el traslado. Alquiló mi padre un camión de los Jeromitos, conducido por Arturo, y en él acomodaron lo mejor que pudieron muebles, cacharros, alimentos, gallinas, tiestos… y ¡toda la familia menos yo! y se presentaron en Alba.

Nuestra casa estaba situada en la calle Carlos III, frente al Colegio de la Milagrosa. Formaba parte de una antigua casona, conocida como Casa de Aspirina por ser éste el apodo del dueño.

Era pequeña pero a nosotros nos pareció estupenda ¡con agua corriente y todo! aunque solamente en el fregadero y el water, pues para lavar la ropa había en el patio una pila común en la que, por turnos, lavábamos todos los vecinos. Bueno, mi madre estaba acostumbrada a lavar en el río, así es que lo más normal era coger el barreño con la ropa, a la cabeza, y bajar al Tormes, junto a la huerta La Pacha en donde en un rato la lavábamos, la soleábamos en la hierba, la aclarábamos, la secábamos y la traíamos limpia.

En esta casa de renta vivimos pocos años pues mi madre, al ver que habían tenido que vender el único corral que les quedaba en Ahigal, se lamentaba más de una vez diciendo:"No tenemos ni una teja nuestra". Entonces, aprovechando una mejor situación económica, pues Feli y yo ya estábamos trabajando, se decidieron a comprar una panera con su bodega debajo, que perteneció a las dependencias de la casa anterior, dividieron la panera con sus correspondientes tabiques y, comprando puertas y ventanas de derribo y trabajando todos cuando podíamos junto con los albañiles, por fin pudimos disfrutar de vivienda propia. Es verdad que algunos familiares tuvieron que prestarnos dinero para ello que, poco a poco, fuimos devolviendo hasta saldar las deudas.

Pero volvamos a 1959. Las fiestas me parecieron preciosas: la procesión, los bailes, los conciertos de la Banda de música… Nos gustaba acercarnos a escucharla desde cerca y, en un descanso, Vicente "Chaguete" que era vecino nuestro y también tocaba, nos presentó a un músico joven: "Este es el que ha hecho La Maqueta de la Basílica"— dijo. Nos saludamos, le dije que me había gustado mucho, pues ya la había visto expuesta en el Ayuntamiento, él siguió tocando y nosotras bailando…

¡Quién me iba a decir a mí en ese momento que aquel músico iba a ser mi marido, el padre de mis hijos y el abuelo de mis nietos!

¡Parece que fue ayer! ¡50 años no es nada!

Alba de Tormes, agosto 1959-2009

UNA AVENTURA SERRANA

Recordando, 50 años más tarde, aquellas andanzas…

Ya había sido ordenado Juan y, el día 18 de julio, había cantado su 1ª Misa aquí en Alba, en la recién restaurada iglesia de San Juan.

Hacía 6 años que nos habíamos trasladado desde Escurial donde habíamos nacido los cuatro hermanos y era obligado que se celebrara allí otra solemne Misa ante los paisanos. Por eso se eligió para ello el día 25, fiesta de Santiago.

Como queríamos aprovechar la ocasión para hacer una excursión por la Sierra y así recordar tantas y tantas veces que, en nuestra infancia habíamos recorrido aquellos lugares tan entrañables, nos fuimos al pueblo dos días antes.

Nos acompañó a los cuatro hermanos Florentino al que aún le faltaba algún curso para ordenarse. El día 24 madrugamos un poco y, con la compañía de mi amiga Ángeles, las hermanas Clara y Mercedes y su prima Benigna, nos pusimos en camino.

Primeramente nos dirigimos a la Sierra de Cilleros y La Bastida porque queríamos ver la cueva de la Mora, cuya leyenda siempre nos había intrigado pero… ¡ninguno sabíamos el lugar exacto y tuvimos que subir y bajar peñas y vericuetos hasta encontrarla! Ya, y estábamos comenzando el día, nos empezaban a doler las piernas. Por senderos repletos de jaras pegajosas llegamos hasta los "Manaderos" del Huebra y, tras descansar unos momentos, subimos hasta la cumbre del Pico Cervero. Por allí comimos porque, como podéis suponer llevábamos "merienda" ¡y qué merienda! ¡Yo creo que cada uno llevaba para todos y algo más! por lo que aumentaba el cansancio con tanto peso a cuestas.

Íbamos a dirigirnos hacia La Honfría cuando a Juan se le ocurrió que podíamos acercarnos a ver las Chorreras de Valero que "estaban muy cerca". Algunos se quedaron esperándonos y no nos siguieron porque ya no podían con su cuerpo. Los más "valientes" comenzamos a caminar en busca de las "famosas Chorreras" y por fin llegamos a ellas. La verdad es que eran muy bonitas pero estábamos tan cansadas que no las disfrutamos… Subimos otra vez a unirnos con el resto y emprendimos el camino de la Honfría en el término de Linares. Allí, en una de las fuentes que el abuelo Antonio había arreglado con los obreros en sus años de Forestal por aquellas tierras, merendamos y descansamos otro poco. Ya se iba anocheciendo y apresuramos el paso, lo poco que nos dejaban las piernas, para no llegar muy tarde a Escurial. Por adelantar más decidimos "atrochar" campo a través y aquello "nos acabó de matar". No sabíamos por dónde íbamos, los helechos nos rodeaban y las jaras se nos pegaban "como lapas". ¡Cómo sería que hubo quien se sentó en el suelo y dijo que no seguía! Tras darles los demás nuestros ánimos y ayudarles, continuamos nuestro penoso camino. Era ya noche cerrada y estábamos perdidos…y aún decía Florentino: "Lo ideal sería que tuviéramos que dormir aquí para que la aventura fuera completa" (cosa que a los demás no nos hacía ni pizca de gracia quizás recordando los lobos y demás alimañas que, según padre, abundaban por allí). Cuando por fin llegamos a un claro nos llenamos de alegría porque divisamos las luces del pueblo. Nos dirigimos hacia ellas con un poco más de ánimo y, cuando estábamos ya cerca, nos dimos cuenta de que no eran las luces de Escurial sino las de Linares. La decepción fue grande pues nos quedaban cerca de cinco kilómetros hasta Escurial.

A altas horas nos presentamos en nuestro pueblo, "más muertos que vivos". Estaban todos preocupadísimos por nuestra tardanza ¡como no existían los móviles…!

No sé cómo pasaríamos la noche pero, por la mañana, cuando nos levantamos para ir a la celebración, no nos podíamos ni mover. Recuerdo especialmente el esfuerzo y el dolor que supuso ponernos las medias y luego subir el "paso" de la iglesia. No obstante la ceremonia fue muy solemne y emotiva. La gente del pueblo, que acudió en masa, se desvivía con Juan y con nosotras. Hubo a la salida bailes típicos y el resto del día lo pasamos muy bien. ¡Lástima que las agujetas no nos dejaran disfrutar del todo!

Cuando le contamos a mi padre, que tan bien conocía aquellas Sierras, todo lo que habíamos recorrido, no se lo creía. Calculaba que habríamos hecho unos 40 kilómetros y, teniendo en cuenta los "caminos" por los que habíamos andado, exclamó: "¡Porque me lo contáis vosotros, que si no, diría que es imposible!"

Han pasado 50 años y, aunque estamos bastante bien de salud todos, esta y otras aventuras las vivimos en nuestra infancia y juventud y guardamos grandes recuerdos de nuestro pueblo y nuestro origen "serrano".

Alba de Tormes, julio de 2015

RECUERDOS Y AÑORANZAS

Al Cristo de la Salud que, en su ermita del Humilladero, fue testigo de mis andanzas infantiles.

Cuando siento el otoño de la vida
que blanquea de nieve mi cabeza,
afloran a mi mente mil recuerdos
de una infancia lejana y placentera
que me retornan a Escurial, mi pueblo,
donde yo percibí la luz primera.

Y como antaño corro por sus calles
empinadas, tortuosas, polvorientas,
y la voz familiar de la campana
me conduce de nuevo hasta la iglesia.
Y revivo el amor de la familia
al calor de la vieja chimenea,
en nuestra humilde casa del "Pocito",
junto al Humilladero, a las afueras.

Y encamino mis pasos a la ermita
¡Cristo de la Salud, cómo me esperas!
y al acercarme hasta el pequeño templo,
apenas descubierta su silueta,
resuenan en mis sienes mil sonidos
dormidos tantos años en tinieblas…

Y percibo las voces infantiles
que, al salir por la tarde de la escuela,
jugando al escondite ¡alza la maya!
disfrutan en su entorno dando vueltas.

Y el viento entre los álamos vecinos
que cercan, dando sombra, a la pradera.
Y la lluvia golpeando en el tejado,
y el trueno amenazante en la tormenta.
Y los alegres trinos de las aves
presagiando hermosas primaveras.
Y el cansino rodar de viejos carros
testigos de sudores y de bregas.
Y el desfile incesante de animales
camino de la charca, en la Dehesa.

Y los bailes, la música y los cohetes
en las solemnidades de sus fiestas...
¡Día de Santa Cruz! cuando la imagen
del Cristo, en procesión, se balancea
en los hombros de fieles fervorosos
bendiciendo las calles y plazuelas...

Y me acerco al escaso ventanuco
cubriendo con las manos mi cabeza
y, del sacro lugar en la penumbra,
amortiguada apenas por las velas,
descubro de la imagen venerada:
los clavos que sus miembros le laceran,
la cabeza de espinas coronada,
la herida del costado siempre abierta...
y en el semblante aceptación sumisa
dispuesto a perdonar nuestras ofensas.

Y en esta soledad y este silencio,
que invita a compartir las confidencias,
se perciben los íntimos susurros
de algún alma devota que le reza,
pidiéndole con fe algunos favores
o cumpliendo ante Él viejas promesas.

Y me atrevo a ofrecerle mi plegaria,
postradas mis rodillas en la tierra,
y muestro el corazón agradecido
por cuidar de mi vida en las ausencias...

Y con todo el amor yo le suplido
que perdone mis faltas y mis deudas,
y cual nuevo hijo pródigo me acoja
en sus brazos abiertos y me duerma
junto a la llaga profunda de su pecho
cuando llegue el final de mi existencia.

Alba de Tormes. Mayo de 2010

A TUS MANOS

Dices que hablar es difícil,
que no encuentras las palabras,
y que en cambio con tus manos
es muy fácil expresarlas.

Por eso quiero cantarle,
con el cariño que mana
del fondo del corazón,
a tus manos admiradas.

Manos que en un día lejano,
desde la más tierna infancia,
fueron con amor y mimo
por Dios-Artista tocadas.

Manos que hicieron juguetes
y dibujaron estampas,
y construyeron inventos
que con ingenio soñabas.

Manos fuertes, juveniles
que, con perfección, tallaran
sobre madera de aliso
auténtica filigrana
en pináculos y torres,

imágenes y fachadas,
con paciencia y con amor...
¡Basílica teresiana!

Manos que curaron manos
y que dedos implantaran
de Vírgenes y de Cristos,
de tantos santos y santas...

Manos que hicieron favores
de una manera callada
y que son el fiel reflejo
de la hermosura de un alma.

Dices que hablar es difícil
y que no encuentras palabras...
¡Sigue hablando con tus manos
que Dios, que te dio esta gracia,
las tomará entre las suyas
cuando las tengas cansadas!

Acto de entrega a Jerónimo Cotobal del "VI Premio a la defensa del Patrimonio y la Cultura de Alba de Tormes", de la Asociación Cultural Albense (ASCUA). Alba de Tormes, 6 de julio de 2003

Leída por Marta en su Funeral, 2 de diciembre de 2012

A MIS PADRES EN SUS BODAS DE ORO

Con desbordante hermosura
brillaba la primavera
cuando, en aquel diez de mayo,
ante el altar de la iglesia,
Dios bendijo vuestra unión
y selló vuestra promesa.

Era el año treinta y cinco,
soplaban vientos de guerra
y, junto a las alegrías,
llegaron también las penas.

Y los dos "Robles" unidos
brotaron pronto con fuerza
y unos retoños nacieron
que, sin que la causa sepa,
pronto se fueron secando
y sembrando la tristeza.

Pero brotó nueva vida
y crecieron con firmeza
los cuatro hijos que hoy
con gran cariño os contemplan.

¡Ha pasado tanto tiempo…!
Cincuenta años de brega,
de trabajos y fatigas
por llevar algo a la mesa,
por vestir y por calzar
y dar a todos carrera…

Cómo recuerdo a mi padre
jinete sobre su yegua,
curtido de sol y viento,

de nieves y de tormentas,
pateando cada día
los senderos de la sierra,
durmiendo en el duro suelo,
comiendo pobre merienda
y pasando las semanas
sin arrimarse a una mesa,
sin dormir en una cama,
sin ver a los suyos cerca...

No es pues extraño que, a veces,
ya se resientan las piernas
y diga, como disculpa,
que fue "aquella chimenea"
la culpable del dolor...
sin apenas darse cuenta
¡que es mucho lo que corrieron
en ochenta primaveras!

Y cómo cruzan mi mente
las entrañables tareas
que van gastando a mi madre:
cosiendo al sol, en la puerta,
o las noches junto al fuego
haciendo gancho y calceta,
con débil luz de candil
a falta de luz eléctrica,
con aquella agilidad
y con aquella presteza
y con tanta perfección
que era una delicia verla;
y sacando agua del pozo
y regando allá en la huerta
y lavando en agua helada
en la lejana ribera...

Por eso no es de extrañar
que sus ojos ya no vean
y que sus manos cansadas
apenas moverse puedan,
y los dolores no falten
y no falten las "goteras"...

Pero aquí están estos hijos
y estos nietos que desean
lo mejor para vosotros
en los años que aún os quedan.

¡No os dejéis acobardar!
y cuando lleguen tormentas
no olvidéis que aquí tenéis
lo mejor de nuestra mesa
y el preferido rincón
de nuestra casa, la vuestra,
y el regazo cariñoso
en que apoyar la cabeza...

Y pensad que Dios no olvida
a las personas que bregan
y en ello gastan su vida
para que felices sean
los que viven a su lado...
¡Y os dará su recompensa!

"Por los 16", 10 de mayo de 1985

LA MEJOR HERENCIA

"Yo aprendí en el hogar en qué
se funda la dicha más perfecta..."

(Gabriel y Galán)

Yo aprendí en el hogar en qué se funda
la dicha más perfecta
de la mano amorosa de unos padres
que guiaron mi infancia con firmeza
y supieron legarnos un tesoro
más hermoso que el oro y que las perlas.

Aprendí que el amor todo lo puede
y todo lo perdona y lo respeta,
y transforma tristeza en alegría
y pobrezas compartidas en riquezas.

Y bebí las primeras oraciones
de la fuente de su boca fresca
y, como ellos, traté de hacerlas vida
llenando con sus luces mi existencia.

Y leí en el libro de sus manos,
curtidas y arrugadas por la brega,
que el trabajo bien hecho dignifica
y, al final, obtendrá su recompensa.

Y aprendí a desvelar los mil secretos
que esconde la feraz naturaleza
con los ojos del niño que, asombrados,
se abrieran a la vida siempre nueva.

Y descubrí los más bellos colores
que jamás supo plasmar hábil paleta
en los campos de trigo y amapolas,
en el verde embriagador de la pradera,
en el blanco inmaculado de la nieve
coronando las cumbres de la sierra,
y en el azul purísimo del cielo,
y en el ocre del barbecho en sementera.

Y percibí la música sublime
del agua cristalina entre las peñas,
y del viento silbando entre las hojas
haciendo a los jilgueros competencia,
y la voz familiar de la campana
vigilante de nidos de cigüeñas,
anunciando feliz la nueva vida
o llorando de la muerte la tristeza.

Y aprendí a distinguir los mil aromas
del tomillo y la jara en la ladera,
del membrillo maduro en el otoño,
de la tierra mojada en primavera,
del heno seco en el ardiente estío
y del invierno, en el hogar, la leña
y el pan reciente amasado con cariño
esperando el regreso de la escuela.

Por eso, cuando afloran los recuerdos,
de gratitud el alma se me llena
y dirijo mis ojos hacia el cielo
y siento que, detrás de las estrellas,
sus manos amorosas aún me guían
y al igual que en la infancia me aconsejan.

Y con filial cariño les suplico
que el día que dejemos esta tierra
consigamos legar a nuestros hijos,
como ellos, la más hermosa herencia
que les haga cantar, como yo canto,
con las dulces palabras del Poeta:
"Yo aprendí en el hogar en qué se funda
la dicha más perfecta…"

1997

SER MAESTRO

Lo mismo que la llama va gastando
la blanda cera del cirio con el tiempo,
y regala su luz a las tinieblas
desterrando las dudas y los miedos…

Así va consumiendo paso a paso
su vida, dando luz, el buen maestro.

De igual manera que la fértil lluvia
sacia la sed del áspero barbecho
y despierta en la ínfima semilla
la promesa del fruto venidero…

Así despierta las mentes infantiles
la eficaz enseñanza del maestro.

Como madre amorosa que, paciente,
enseña a caminar a su pequeño
y lo guía por rutas apropiadas
que lo libren de ásperos senderos…

Así recorren cogidos de la mano
mil caminos alumnos y maestros.

Igual que el tosco barro se transforma
entre ágiles dedos de alfarero
y de la informe masa, como magia,
las más bellas figuras van surgiendo…

Con mimo y con tesón va modelando
el alma de los niños el maestro.

Lo mismo que la llama y que la lluvia,
con cariño de madre y alfarero
sembrando esperanzas y futuros…
inmolará su vida el buen maestro.

Alba de Tormes, junio de 2001

GRACIAS

Cuando vuelvo la vista, y fiel balance
pretendo hacer de esta fecunda etapa,
encuentro que es tan llena y positiva
que sólo se me ocurre dar las gracias.

Gracias a Dios que puso la semilla
de una gran vocación desde mi infancia
y me dio los carismas necesarios
y salud para verla ejercitada.

Y gracias a mis padres que sufrieron
de tantas privaciones en voz baja
porque alcanzaran sus hijos horizontes
que en sus vidas jamás ellos lograran.

Gracias a mi marido y a mis hijos
que cada día al fin de la jornada
vivieron mis tristezas y alegrías
haciendo aquella carga más liviana.

Gracias también a todos los alumnos
que escucharon atentos mis palabras
y me fueron forjando poco a poco
en la noble tarea de la enseñanza.

Y gracias a vosotros, compañeros,
que conmigo peleasteis la batalla
compartiendo amistad y convivencia…

¡Gracias desde el fondo de mi alma¡

Que el "Gran Maestro" a todos nos conceda
que, al terminar esta futura etapa,
lleguemos ante Él con nuestras manos
de mil frutos de Amor, al fin, colmadas.

Leída en la fiesta de mi jubilación
en el Colegio Santa Teresa de Alba de Tormes, junio de 2003

ALBA Y SANTA TERESA

A Alba de Tormes

He soñado muchas veces
cantar, Alba, tus bellezas
mas, recordando que tantos
literatos y poetas
con palabras magistrales
las plasmaron, ya despierta,
no me atreví a comenzar
y puse freno a mi lengua.
Pero ¿por qué no cantar
lo que en el alma se lleva
con las sencillas palabras
del que nunca fue poeta?
Por eso, porque lo siento
con irresistible fuerza,
porque en Alba yo encontré
lo mejor de mi existencia,
porque aunque no nací aquí
Alba, me abriste tus puertas…
¡aunque sea un atrevimiento
voy a cantar tus bellezas!

Eres por tu nombre, Alba,
luz radiante y claridad
de despertar y alborada,
de amanecer y de paz.
Eres mujer que enamoras
a castillo y torreón
y adornas tu cabellera
con flores del Espolón.

Eres novia que se ciñe
nupcial corona de plata,

cristal y espejo, que el Tormes
con cariño te regala.
Eres templo que se postra
ante la Santa Doctora
y tus campanas despiertan
resplandecientes auroras.
Eres cuna de poetas,
de nobles y de guerreros,
de artistas y labradores,
religiosos, alfareros…
Eres la madre que acoge
en regazo maternal
a los hijos que a ti llegan
¡no importa de qué lugar!
Eres arte que ennoblece
monumentos seculares,
y nos hablan de tu historia
escudos, piedras y altares.
Eres mujer y eres novia,
eres templo y claridad,
eres cuna y eres madre,
eres arte…¡¡y mucho más!!

EL TORO DE FUEGO

La tarde cae lentamente
y en el cielo alguna estrella
tímidamente se asoma
para presenciar la fiesta:
¡que Alba de Tormes se vuelca
honrando a Santa Teresa!
La Plaza Mayor está
llena de gente, que ostenta
sus más primorosas galas,
y ríe y habla y comenta.
La campana del reloj

da las ocho y ya la orquesta
desde el pequeño tablado
empieza a tocar con fuerza.
Y la iglesia de San Juan
de románica belleza
se va quedando sumida
poco a poco en las tinieblas.
Los rosales del jardín
observan tras las palmeras
y el agua, en la fuentecilla,
murmura dulces cadencias.
Los soportales acogen,
tras sus columnas esbeltas,
a gente de todas clases:
indígena y forastera.
Ya jóvenes y mayores,
viejos y niños, se alegran
y se ponen a bailar...
¡cada cual a su manera!
La plaza es un hervidero
de color, música y fiesta.

De pronto suena el clarín
y arma la "marimorena"
y unos corren, y otros gritan:
¡que sale el toro! ¡que llega!
Las luces se han apagado
y los gritos se incrementan.
Miles de ojos se dirigen
al arco por donde entra.
Allí está el toro de fuego,
armazón que un hombre lleva,
soltando chispas y cohetes
cual imponente tormenta.
La gente corre delante
y detrás y no sosiega...

¡que suelta los "buscapiés"!
—grita alguno— ¡que te quema!
¿Qué importan los pantalones?
son "gajes" de la "faena";
también en Pamplona puede
cogerte el toro... y te quedas.
Y sigue la algarabía
y los cohetes arrecian...
Los mozos más atrevidos,
los de comparsas y peñas,
se ponen delante de él
y hacen con que le torean,
mas, algún que otro "torero"
tras las columnas se queda
y así, si se acerca el toro,
le puede coger... las vueltas.
El fuego se va acabando
y ya "buscapiés" no quedan
pero, de pronto, en sus cuernos
empieza a girar la rueda
cual si por envidia acaso
de la alegría que reina,
se hubiera posado allí
la más rutilante estrella.
¡Qué belleza de colores!
Primero es verde de menta,
luego rojo y luego azul
pasando por el violeta...
Por un momento la plaza
se ha iluminado con ella.
Ya va parando su loca
y frenética carrera,
se va apagando y, al tiempo,
los últimos cohetes suenan.
El toro vuelve al "toril"
"muerto" ya de luz y fuerza.

¡Se acabó el toro, volvamos!
¡Esas luces, que se enciendan!

Todo queda lleno de humo,
de olor a pólvora y mecha.
La orquesta vuelve a tocar
y los jóvenes se acercan
y siguen bailando alegres
hasta que las doce llegan.
Los viejos van desfilando,
quizá en busca de la cena;
los niños no quieren irse
aún a la cama y protestan.
Con las doce campanadas
la bomba final resuena
y cesan música y baile,
y todos tristes se alejan.

Queda la plaza otra vez
sola en la noche serena.
Por el suelo se distinguen
algunas varillas sueltas
de cohetes y "buscapiés"
y papeles y banderas,
de las que servían de adorno
entre palmera y palmera.
Todo lo envuelve el silencio,
nada la paz turba en ella
si no es la pequeña fuente
que canta dulces cadencias.

A "LA SOLEDAD" DE LAS MADRES

(De Pedro de Mena)

En la sombra del templo silencioso
que exhumaba sublimes agonías,
postrada ante la Madre Dolorosa
que Mena esculpió con maestría,
me dispuse a pedir con confianza
las "gracias" más urgentes de mi vida.
Y al contemplar con calma el busto santo,
que retrata la imagen de María,
admiré la perfecta compostura
con que el dolor en ella se sublima:
Dolor y soledad ante la muerte
y aceptación consciente de la vida...
Y entre pliegues que orlan magistrales
su cuerpo y su cabeza dolorida,
su mirada profunda y penetrante
se me grabó con fuego en la pupila;
y sentí que su agudo sufrimiento
no era sólo por el Hijo que perdía...
¡Son tantos los hijos que se pierden
y en caminos oscuros agonizan!
¡Son tantas las madres que los lloran
y tan agrias las lágrimas vertidas!
Son tantas las muertes sin sentido,
son tantas las guerras fratricidas,
son tantas las hambres y pobrezas,
son tantas las familias desunidas...
¡Son tantos y tantos los motivos
que estremecen el rostro de María
y que hacen brotar, cual bellas perlas,
las lágrimas que surcan sus mejillas!
Tras instantes de íntimo silencio
callé las peticiones que traía

y le hablé con palabras muy sinceras,
que nacieron del alma estremecida:
"Tú conoces, Señora, cómo somos
y la fragilidad de nuestra arcilla,
y sabes que tus lágrimas amargas
son el fruto de nuestras cobardías,
que penetran agudas en tu pecho
renovando otra vez aquella herida.
Perdónanos ¡oh Madre! y en los pliegues
de tu manto arropa amorosísima
nuestros rotos y tristes corazones
y cúralos entre tus manos divinas".

Pregón de Semana Santa, Alba, 3 de abril de 2004

PIEDRAS, SECRETOS, PALABRAS …

Mudos testigos del tiempo
que guardáis en las entrañas
de duro cofre el tesoro:
¡Piedras, secretos, palabras…!
¿Acaso hablar no sabéis
o no podéis expresarlas?
¿Quizás no somos nosotros
capaces de interpretarlas?
¡Gritad a los cuatro vientos
hermosas piedras de Alba!

Recias piedras de castillos,
Fortalezas y murallas,
heridas por mil cañones
y tantas veces regadas
con la sangre de los héroes
y de las damas las lágrimas.

Sagradas piedras de templos
en oraciones trenzadas,
bajo románicas torres
y platerescas fachadas,
labradas en los sepulcros
de alabastros y pizarras.

Piedras del hogar querido
que al calor del fuego amasan
de la familia el cariño
al final de la jornada...
¡Testigos de confidencias
e intimidades del alma!

Piedras de enrolladas calles
con claras huellas grabadas
de místicos y escritores,
y por pintores plasmadas,
y empapadas por sudores
de la gente humilde y llana.

Inquietas piedras de río,
eterno rodar de agua,
que en su espejo cristalino
claramente reflejada,
se lleva hasta el mar lejano
la bella imagen de Alba.

¿Quién ha dicho que están mudas?
¿Quién ha dicho que no hablan?
¡Escuchad la voz del tiempo
que se encierra en sus entrañas!
¡Descubrid en cada piedra
la noble historia de Alba!

2003

RAPSODIA ALBENSE

1. La Puerta del Río. Entrada en Alba

    A nuestra Puerta del Río
    ya no la cierran Murallas,
    permanece siempre abierta
    para que entren a Alba
    gentes de tantos lugares
    para rezar a la Santa,
    y mostrarle su cariño
    y los secretos del alma;
    para descubrir historias
    en monumentos y plazas,
    para compartir vivencias
    con gente noble y bizarra...
    ¡Entrad, que aquí no hay cerrojos!
    ¡Alba de Tormes aguarda!

2. Plaza de Santa Teresa. Sonidos Carmelitanos

    Cofre de inmensos tesoros
    donde el corazón de Alba
    late con fuerza y fervores
    al penetrar en la plaza...
    con rumores de estameña
    y repicar de campanas,
    con sentidas oraciones
    y música emocionada...
    Conventos Carmelitanos
    y Sepulcro de la Santa
    donde reposa por siempre
    con el cariño de Alba.
    ¡Te velaremos el sueño,
    vela tú por nuestras almas!

3. La Alfarería. Filigrana

La humilde arcilla que manos
del alfarero amasaran,
eterno girar del torno,
fuego, sudores y magia…
y raudales de cariño,
y paciencia ilimitada,
se va trocando en encaje
de preciosa filigrana
que llevará por el mundo,
como auténtica embajada,
el arte de nuestras gentes
¡unido al nombre de Alba!

4. Plaza Mayor. El Día de la Octava

Las entrañables palmeras
se arrullan al son del agua
y observan en derredor
la multitud congregada
que con alegre bullicio
y con impaciencia aguarda.
¡Ya llega la procesión!
¡Qué preciosa está la Santa!
Los vivas de sus devotos
y el sonido de la banda
presienten la despedida…
¡Es el día de la Octava!

5. Castillo Ducal. Elegía

Imponente fortaleza,
estratégica atalaya
que conserva entre sus piedras
el fragor de la batalla,
el susurro de poemas,
de músicas y de danzas,
de novedosos teatros
para delicia de damas,
de nobles y de plebeyos...
¡Cuántas historias se guardan
entre sus recios sillares!
¡Ay si las piedras hablaran!

6. Murmullos del Tormes

Bajo el románico puente
que abre las puertas de Alba
corre el Tormes silencioso;
pero el lenguaje del agua
habla de tantos lugares...
De las montañas lejanas,
de ciudades y de pueblos
y de gente que trabaja
o disfruta en su ribera,
de su pesca y de sus playas.
Son los murmullos del Tormes...
¡no te pierdas sus palabras!

7. El Espolón. El Paso del Tiempo

Mirador privilegiado
sobre muralla y Alcázar
donde el alma se serena,
donde la vista se explaya:
islas de verdor, el Tormes,
Sierra de Gredos nevada…
juegos y risas de niños,
trinos y viento en las ramas,
y paseos fatigados
entre memoria y nostalgia…
¡Ay jardín del Espolón
cuántos secretos te guardas!

Alba de Tormes, 2017

Estos poemas fueron escritos para la presentación de la composición
musical del mismo título que estrenó la Banda de Música
de Alba de Tormes el 18 de noviembre de 2017.

La obra Rapsodia Albense ha sido compuesta por siete miembros
de la Banda, en la cual se narra musicalmente una serie de estampas
representativas de la Villa de Alba de Tormes.

BUSCANDO A TERESA

La busqué entre los rosales
de la huerta de su infancia
y sólo encontré las piedras
de sus ermitas frustradas.

La busqué entre las almenas
de la robusta muralla
y comprendí la grandeza
de su temple y de su casta.

La busqué entre los doctores
y maestros de gran fama
y aún resonaba en sus mentes
el eco de su enseñanza.

La busqué por los caminos
y, bajo el polvo enterradas,
apenas se percibían
las huellas de sus sandalias
y el chirriar de su carreta
en el ambiente flotaba.

La busqué en los pobres claustros
de sus casas reformadas,
palomarcitos que un día
sus éxtasis presenciaran,
y el rumor de la estameña
en ellos se adivinaba.

¡Y encontré miles de cosas
mas... su espíritu no estaba!

Y mis pasos, ya cansados,
me llevaron hasta Alba

y en el espejo del Tormes,
claramente reflejada,
apareció su sonrisa
y su límpida mirada.

Y la busqué en el castillo
de caballeros y damas
y de sus doctos consejos
todos prendados quedaban.

Y la busqué por plazuelas
y por cuestas empinadas,
que fueron mudos testigos
de su figura y su gracia...

¡Y encontré miles de cosas
que mis ansias no colmaban!

Al fin penetré en el templo
y, tras las rejas de plata,
en artístico sepulcro
su cuerpo ya reposaba
de males y de fatigas,
de incomprensiones pasadas.

Y por la herida de fuego
de su corazón manaba
el amor que no cabía
en su alma enamorada.

Y en el profundo silencio
de la penumbra sagrada
resonaron en mis sienes
de Fray Luis estas palabras:
"Para encontrar a Teresa
es necesario buscarla

en sus Obras y en sus Hijas"
¿Cómo no las recordaba?

Y al conocer a sus Hijas
y al beber en las Moradas,
fue penetrando su espíritu
en la aridez de mi alma
igual que la fértil lluvia
penetra en tierra agostada
¡y fue calmando mi sed
la cristalina fontana!

Y volé tras la paloma
que al Amado la llevara…

¡Y gocé miles de cosas
y vi mis ansias colmadas!

Tercer Premio del I Certamen de Poesía "Teresa de Jesús",
organizado por la Hermandad de Santa Teresa
y la Asociación Cultural Sánchez Rojas.

Alba de Tormes, octubre de 1995

CARTA A TERESA O LA MISIÓN DE UN PUEBLO

IV Centenario de la Muerte de Santa Teresa, 1982

Alba de Tormes, Octubre.
Queridísima Teresa:
Perdóname que, ignorante,
a escribirte yo me atreva,
a tí que tan justa fama
gozas de Santa y poeta.
Déjame que yo te explique
en estas mis pobres letras
lo que siente el corazón,

lo que quiere, lo que anhela…
Quiero decirte en mi carta
que tengo la suerte inmensa
de vivir junto al sepulcro
que Alba de Tormes te diera
cuando tú le demandaste
un poquito de su tierra.
También quisiera contarte
tantas cosas… confidencias
de mis penas y alegrías
y todo lo que en sí lleva
el vivir en este mundo,
el caminar por sus sendas,
el reír sus alegrías
y el llorar con sus tristezas.
Pero…¿qué puedo decirte
que tú no sepas, Teresa?
Tú viviste en esta vida
llena de amor y de penas,
de gozos y sinsabores,
de brisas y de tormentas…
Tú caminaste descalza
por llanos y por laderas
y conoces más que nadie
cómo es esta vida nuestra.
Por eso, quizás mejor
que contarte con torpeza
todas mis cosas, yo quiero
hacerme tu pregonera
para gritar a mis gentes
mi primer pregón, Teresa:

"Alba de Tormes, que estás
dando a su sepulcro vela,
¡es hora de despertar!
¡sacude ya tu pereza!

que hace cuatrocientos años
que, tras artísticas rejas,
guardas el cuerpo incorrupto
de la gran monja andariega…
¡No te conformes con eso,
que eso no basta! y es pena
que teniendo sus escritos:
prosa mística y poemas,
no bebas más en sus fuentes
para mejor conocerla
y, conociéndola, amarla
y así imitarla por fuerza,
haciendo vida el mensaje
que en su doctrina se encierra.
Y, ya el alma rebosante,
ser pregonero que lleva
su voz a los cuatro vientos
y con su tesoro llena
mil corazones vacíos
que caminan en tinieblas.
¡Que en esta misión sublime
seas tú, Alba, la primera!
Que comienza el Año Santo,
que el centenario comienza
y el mundo tendrá sus ojos
puestos en ti,en estas fechas.
¡No olvides que te eligió
para morir en tu tierra
y que hace ya muchos años
la tienes por Alcaldesa…!"

Perdona si me atreví
a molestarte, Teresa.
Recibe todo el cariño
de tu humilde pregonera"

1982

COPLAS DE CIEGO.
"LOS NIÑOS CONOCEN A SANTA TERESA"

Estas "coplas de ciego" sobre la vida de Santa Teresa las compuse en el año 2000, para que los niños de mi colegio las recitaran en la Semana Cultural que tuvimos en el centro.

(Pregonero)
Presten atención señores
a esta historia extraordinaria
que cuenta la vida y obra
de una Santa de gran fama.

1—
Año mil quinientos quince
y en Ávila amurallada
nació la niña Teresa
de los Cepeda y Ahumada.

2—
Fueron doce los hermanos
de aquella familia hidalga,
pero Teresa y Rodrigo
eran los que más jugaban.

3—
Una tarde los dos niños
traspasaron la muralla
para ir a tierra de moros
a que los descabezaran.

4—
Apenas con trece años
moría su madre amada
y a la Virgen desde entonces
con lágrimas se entregaba.

5—
Cuando cumplió diecisiete
en la Encarnación entraba
para empezar el camino
por el que Dios la llamaba.

6—
Monja inquieta y andariega,
recorriendo toda España,
fundó y reformó conventos
de Carmelitas Descalzas.

7—
"Dios está entre los pucheros"
a sus monjas enseñaba
y en los trabajos humildes
como una más trabajaba.

8—
Casi siempre estaba enferma
pero a Dios gracias le daba
y Maestra de Oración
en todo el mundo la llaman.

9—
Escribió importantes libros,
en verso y prosa muy sabia
como "El libro de su vida",
" Fundaciones", "Las Moradas"…

10—
Desde Medina del Campo
muy enferma y muy cansada
hizo el último camino
y vino a morir a Alba.

11—
Y fue tan buena, tan buena
y fue tan sabia, tan sabia
que la nombraron Doctora
y la proclamaron Santa.

12—
Por eso de nuestra Villa
es Patrona venerada
¡y, velando su Sepulcro,
deseamos imitarla!

(Epílogo)
Y aquí termina la historia
de nuestra querida Santa
que nos dejó por herencia
sus hijas y su enseñanza.

Alba de Tormes, mayo de 2000

DE MUJER A MUJER

Cuántas veces ansiamos un modelo
a quien poder imitar en nuestra vida
y buscamos en cine y en teatro
famosos, que aparecen en revistas,
y no encontramos más que decepciones
que nos hacen infelices y esclavizan…

Por eso, yo quisiera proponeros
a todas las mujeres de hoy en día:
despertar de estos sueños engañosos
y poder descubrir que, aquí cerquita,
tenemos un modelo extraordinario
que es Maestra y Doctora y nos invita
a seguir el camino más seguro
que nos puede llevar a la "alta vida".

Porque ella fue mujer cuando, por serlo,
se era objeto de ínfima valía;
mas supo demostrar al mundo entero
con sus obras, coraje y valentía,
que también la mujer era importante
y al igual que el hombre dignidad tenía.

Y fue la fiel esposa que alcanzara
las cotas más perfectas y más íntimas
del gran amor que todo lo transforma
y todo lo ennoblece y lo sublima.

Y fue la madre amante y cariñosa
que, si del parto el dolor no conocía,
sí padeció de grandes sufrimientos
para alumbrar a sus hijas Carmelitas,
para poder conducirlas con su ejemplo
por las sendas sublimes y escondidas
que, en alas de oración y sacrificio,
hacia el"castillo interior" las conducía.

Y si fue como Madre extraordinaria
también fue extraordinaria como hija:
de sus padres en Ávila, en la infancia,
y, ya muerta su madre, de María;
y al final, cuando aquí en Alba llegara
la muerte tan ansiada y tan querida,
dando gracias a Dios porque por fin
como "hija de la Iglesia" se moría.

¿Por qué buscar por tanto otros modelos
que tienen una fama tan exigua,
si se quiso quedar entre nosotras
Teresa, la gran Santa de Castilla,
para enseñar a cada una a ser mujer,
a ser esposa, a ser madre y a ser hija?

Alba de Tormes, octubre de 1993

NADA TE TURBE (GLOSA)

"Nada te turbe,
nada te espante",
¡no tengas miedo
sigue adelante!
no desfallezcas,
no te acobardes.

"Todo se pasa",
todo es cambiable,
todo termina
y se deshace,
nada es eterno
en este "valle".

"Dios no se muda",
siempre es fiable.
Cambiará el mundo
y sus afanes,
mas su palabra
es perdurable.
"La paciencia
todo lo alcanza"
hasta las metas
más encumbradas,
hasta los montes
la fe traslada.

"Quien a Dios tiene
nada le falta"
ni los tesoros
ni gloria y fama,
todas sus ansias
verá colmadas.

Para "VIVIR"
"SÓLO DIOS BASTA"

2004

SUEÑOS DE PALOMA

Al tímido sol
de aquella mañana,
era primavera
y flores brotaban,
junto al palomar
de blanca fachada,
la niña Teresa
sus ojos cerraba
al son amoroso
de una dulce nana,
que Doña Beatriz
su madre, cantaba.

Y hasta las palomas
de volar cesaban
y su "runruneo"
mudo se quedaba.
Mas, cuando Teresa
al fin despertaba,
todas presurosas
su vuelo elevaban.
Entonces la niña,
con ansias, miraba
soñando que un día
le nacieran alas
¡y como paloma
los cielos surcara!

Pasaron los años
y pasó su infancia
entre las ermitas
del huerto de casa
y libros de santos
que la aleccionaban.

Y cuando su madre
al cielo marchara
le pidió a la Virgen,
llorando apenada,
que bajo su manto
siempre la arropara.
Y aunque en el Carmelo
joven profesara,
su sueño infantil
no la abandonaba.

Y pisó senderos
con pobres sandalias,
y sembró las tierras
y pueblos de España
de "palomarcitos"
donde se adorara
al amado Esposo,
que tanto añoraba.

Y sufrió en el cuerpo
y sufrió en el alma,
y vivió una vida
tan llena y colmada
que en arrobamientos
místicos quedaba.

Y fue en uno de ellos
cuando contemplara
aquella Paloma,

"conchicas" sus alas,
que en mil resplandores
la dejó bañada.

Y el Espíritu Santo
transformó su alma
con "grandes trabajos"
y oración callada:
"trato de amistad
con el que nos ama".
Y de "mujer ruin",
así se tildaba,
¡se fue convirtiendo
en una gran Santa!

Y la "Palomica",
en su hombro posada,
inspiró en su pluma
mística elevada:
Vida, Fundaciones,
Poemas, Moradas...
Y cuando la muerte
ansiada llegara,
aunque ya el otoño
las hojas volaba,
en el viejo almendro
las flores brotaban.

Y cerró los ojos
dando a Dios las gracias...
Y desde su pecho,
fuente de fragancias,
voló una Paloma
tan pura y tan blanca
¡que colmó los sueños
de su tierna infancia!

Y hasta el infinito
se vio transportada…
¡y con el Amado
se fundió su alma!

Alba de Tormes, septiembre de 2009

SÚPLICAS A TERESA (SONETO)

IV Centenario de la Beatificación de Santa Teresa (2014) y V de su Nacimiento (2015). A petición de Paloma, Carmelita Descalza y amiga, que lo ha completado poniéndole música.

Enséñame el camino de la fuente,
que brota del costado del Amado,
para seguir las huellas que has dejado
de mujer ejemplar y fiel creyente.

Ayúdame, Teresa, a ser valiente
en estos "tiempos recios" que han llegado.
¡Que jamás me separe de su lado
ni del cobijo de su pecho ardiente!

Yo quisiera ofrecerle en cada instante
lo "poco que hay en mí" como tú hacías
y "tratar de amistad" al Padre amante.

Ruégale que perdone mis caídas
y al quebrarse "estos hierros", ya triunfante,
vuele a gozar contigo a la "alta Vida".

2015

ALMENDROS EN FLOR

"ALMENDRO AMIGO: GRACIAS"

Almendro amigo que, diligente,
Luces tus galas de suave seda:
Mientras dormido reposa el campo
Eres presagio de primavera.
Nido de dichas y de esperanzas,
Dios te ha elegido para que seas
Real pregonero que esparce al viento
Olor preñado de mil promesas.

Amigo almendro que, al contemplarte,
Me transformaste, cual hada buena,
Iluminando nuevos caminos,
Gozosas sendas que descubrieran
Otros perfumes y otros colores...

Gracias, mil gracias por tus finezas.
Rosas pusiste en mis espinas,
Aire de fiesta en mis tristezas,
Canto de vida en mis desiertos,
Ímpetus nuevos en mis perezas...
Árbol amigo, tú en mis inviernos
Soles pusiste de primaveras.

AQUEL ALMENDRO

En suave ladera
y en la paz del huerto
la recia semilla
dormía silencios...

Y la madre tierra
la gestó en su seno

como el más preciado
tesoro secreto.
Y la fértil lluvia
cayó desde el cielo
y mojó sus labios
duros y resecos.

Y el sol con sus rayos,
de un dorado intenso,
calentó su alma
y se obró el portento.
Y el sol y la lluvia,
la tierra y el tiempo,
rompieron corazas
despertaron sueños...
¡Y surgió la vida
y nació el almendro!

Hundió sus raíces,
estiró su cuerpo
y vistió sus galas
de verdes intensos.

Mecieron su cuna
las manos del viento,
y el sudor del hombre
y el divino aliento
brindaron amores:
¡y así fue creciendo!

Cobijó en sus ramas
trinos y gorjeos
y, bajo su sombra,
promesas y besos.

Desde "Las Arribes"
de Tormes y Duero

llegaron aromas
de azahar y romero,
y en tranquilas noches
de eterno silencio,
del país hermano
se oyeron los ecos
de los dulces "fados"
¡alma y sentimiento!

Y todos los años
burlaba al invierno,
¡y la primavera
le estallaba dentro,
como apoteosis
del mejor concierto!
vistiendo de seda
y nieve sus pétalos.

La fiesta llenaba
el alma del pueblo
y, pleno de rimas
y de sentimientos,
labios de poetas
desgranaban versos...

Cientos de cosechas
de frutos ubérrimos
ahogaron su savia,
gastaron su cuerpo.

Una noche fría
del más crudo invierno
en la chimenea
crepitaba el fuego:

Apretando lazos,
calentando besos,
dando luz y vida
¡se inmoló el almendro!

EVOCACIÓN

Una noche de invierno, oscura y fría,
cuando el viento ululaba en la alameda,
los charcos se cubrían de cristales
y crepitaba en la vieja chimenea
el fuego, que templaba del abuelo
las manos sarmentosas por la brega.
Y a la luz de las llamas se iluminan
sus ojillos cansados que reflejan
escenas y recuerdos del pasado,
que le hacen rumiar nostalgias viejas…

    * * *

Y de nuevo retoza por los campos
de almendros que jalonan " La Ribera"
persiguiendo tal vez las mariposas
con sueños infantiles de grandeza.

Y vuelve a revivir tiernos amores
a su sombra, nevando sus cabezas
mil pétalos de suaves flores blancas
como velo nupcial de primavera.

Y sus manos, de nuevo vigorosas,
esponjan con primor la áspera tierra,
y mondan la corteza envejecida,
y lo libran de hierbas y maleza.

Y, como ayer, sudores y fatigas
obtienen merecida recompensa,
y maduran al sol los recios frutos
de gozosa y magnífica cosecha.

Y saborea las dulces golosinas
que la madre elabora con la almendra,
con azúcar, con fuego y con cariño,
con sabor a besos, con sabor a fiesta…

* * *

Poco a poco la hoguera se extinguía
y aunque el hielo entraba por las grietas
el abuelo ya el frío no sentía
y de su boca, por la sonrisa abierta,
volaba la más blanca mariposa
hacia campos de azul, tras las estrellas,
donde siempre florecen los almendros
en hermosa y eterna primavera.

IGUAL QUE EL ALMENDRO

Fue cogida de su mano,
ruda y fina al mismo tiempo,
como conocí esta tierra
y descubrí los almendros.

Y fue aquella primavera,
bajo sus flores, que el viento
esparcía cual nevada
sobre los valles y oteros,
cuando admiré a la mujer
de la "Ribera del Duero".

Era menuda y alegre
y sus ojos como el cielo,
de puros y transparentes,
y se notaba en su cuerpo
el cansancio y la fatiga
de trabajo y sufrimiento...
pero llevaba tan hondo
el cariño por su pueblo
que me contagió al instante
de su mismo sentimiento.

Por eso, cuando a estos campos
regreso al cabo del tiempo,
afloran a mi memoria
los más íntimos recuerdos,
y evoco aquella mujer
cuya vida es fiel reflejo
de toda mujer que vive
en la Ribera del Duero.

Nace en tierra seca y pobre
mas se aferra tanto al suelo
que su niñez es promesa
de futuros halagüeños,
de espléndidas realidades...
¡igual, igual que el almendro!

Y al llegar la primavera,
de su juventud destello,
brota en ella tal belleza
y tan sublimes anhelos
que despierta admiración...
¡igual, igual que el almendro!

Y cuando ya se marchitan
con el estío sus pétalos,
brotan fecundos sus frutos,
crecen sus hijos y nietos,
como las almendras crecen
en las ramas del almendro.
Y, seguro que al final,
cuando ya duerma su cuerpo,
seguirá irradiando el alma
calor y luz en el cielo,
en primaveras eternas
de inmensos campos de almendros...

Igual que ese viejo tronco
que al consumirse en el fuego,
pone el sol en las tinieblas
de los más crudos inviernos.
¡¡Es la mujer de esta tierra...
igual, igual que el almendro!!

Febrero de 1994

LA VOZ DEL VIENTO

Deja que el viento te hable,
no lo amordaces, espera...
Deja que en brisa y susurro
o en ráfagas de tormenta
pinte gentes y paisajes
del alma de "La Ribera".

Deja que recoja el eco
de campanas y cigüeñas,
que eleve cansados ojos
a las alturas inmensas.

Deja que alivie suspiros
de amores tras de las rejas,
"rosas" entre los geranios
de las ventanas de piedra.

Deja que prenda en bordado
abalorio y lentejuela
el son de la dulce gaita
y del tamboril en fiestas.

Deja que traiga las notas
del "Fado", nostalgia eterna,
que en aguas del padre Duero
el alma lusa es gemela.

Deja que el águila corte,
majestuosa saeta,
el cielo de "Las Arribes"
tachonado de pureza.

Deja que embriague el ambiente
de esencias de primavera
con los almendros en flor
que crecen en "La Rivera".

Deja que nieve sus pétalos
y alfombre valle y ladera
y meza los verdes frutos
que encierran dulces almendras.

Deja que las mil arrugas
que dibuja su corteza
griten trabajo y sudores
de los hombres de esta tierra.

¿Quién dice que no habla el viento?
Pregúntalo a la cigüeña,
y al bronce de la campana
que llama desde la iglesia,
y a la niña enamorada,
y al ambiente de la fiesta
con gaita y con tamboril,
y al Duero que canta y sueña,
y al vecino Portugal,
y a las águilas que vuelan.

Pregúntaselo al almendro
que a su compás se cimbrea,
y a las flores que lo visten
con mariposas de seda,
y a su perfume que embriaga,
y al fruto que es recompensa,
y a la corteza rugosa
que su lección nos enseña…

Deja que el viento te hable,
no lo amordaces, espera…
Deja que la voz del viento
que besa La Fregeneda
descubra al mundo el paisaje
y el alma de "La Ribera".

Segundo Premio "La Flor del Almendro",
La Fregeneda, febrero de 1995

NOSTALGIA

Han transcurrido los años,
la infancia ya quedó lejos
y, buscando mis raíces,
quise regresar al pueblo.

¡Cómo dolía el pensar
que ya no estaba el abuelo
y cómo, dentro de mí,
se avivaba su recuerdo!

Y, al igual que si su voz
me llamara desde el huerto,
dejé encaminar mis pasos
por el áspero sendero
que tantas veces pisara
al lado del dulce viejo.

Aún me parece escucharle
cuando, apenas un chicuelo,
me llevó hasta aquel rincón
y me contó su secreto:

"Este arbolito, que ves
que cuido con tanto esmero,
lo planté cuando naciste
aquí, al abrigo del viento
y fue creciendo contigo,
¡es para ti, es tu almendro!"

Y antes que la primavera
arrinconara al invierno,
el almendro florecía,
y año tras año, el abuelo,
las más sabrosas almendras
guardaba para su nieto.

Por eso, cuando esa tarde
quise ir a verlo de nuevo,
una lágrima furtiva
rodó de mi rostro al suelo.

Apenas se distinguía
en la maleza del huerto
y, sólo, languidecía
en la nostalgia del tiempo.

Entonces, en un impulso
de rabia y de sentimiento,
¡arranqué zarzas y abrojos,
mullí la tierra con celo,
le quité las ramas secas
y en su tronco puse un beso!

Y a pesar de que sangraban
por las espinas mis dedos,
de dulce paz se inundaban
mi corazón y mi cuerpo.

Y le hablé como si oyera,
con emocionado acento:

"¡Aunque todos te olvidaran
yo te juro, buen almendro,
que estarás siempre en mi alma
con la imagen del abuelo!"

Primer premio "La Flor del Almendro". La Fregeneda, 1992

RENACER

Inmensidad de lágrimas amargas
inundaban mi alma de tristeza,
y un cúmulo de negros nubarrones
avanzaba rozando mi cabeza.

Todo era oscuro y gris, y eterna noche
atrapaba mi débil existencia.

Y mis pies, que pesaban como plomo,
se arrastraron cansinos por la tierra.

Y caminé sin rumbo por las calles,
y al pasar junto a la torre de la iglesia
llegó desde lo alto a mis oídos
el ruido machacón de la cigüeña...
¡y fue como un martillo golpeando
en mis sienes heridas y maltrechas!

Me alejé del lugar con desencanto
y seguí caminando a duras penas.
Y, de pronto, me vi en medio del campo
pisando el polvo de la estrecha senda.

Y las pequeñas gotas de rocío
que quedaban prendidas en la hierba
¡se me antojaron lágrimas cansadas
recordando el dolor de mil ausencias!

Y al mirar al pastor que, solitario,
vigilaba en el monte sus ovejas,
compadecí su vida de silencio
y su triste y monótona tarea.

Y mis pies renunciaron a seguir
porque me abandonaban ya las fuerzas.
Y recosté mi cuerpo en un almendro
y apoyé sobre su tronco mi cabeza,
y al elevar mis ojos mortecinos
a la copa desnuda y medio seca,
¡oh mágica visión consoladora
allí, medio escondida, estaba ella!

Era una flor humilde y solitaria
que apenas despuntaba entre las yemas;

mas, eran tan hermosos sus colores
y tan finos sus pétalos de seda
que despertó mi alma y mis sentidos
y volvió la ilusión a mi existencia.

Y mis pies, desandando aquel camino,
¡parecían dos ágiles gacelas!
Y las humildes gotas de rocío
que aún permanecían en la hierba,
con la caricia del sol resplandeciente
¡semejaban las más hermosas perlas!

Y al mirar al pastor, que apacentaba
con cuidado y amor a sus ovejas,
descubrí en su límpida mirada
¡la paciencia, la paz y la nobleza!

Y al llegar junto al viejo campanario
y contemplar el nido de cigüeñas
apenas perceptible, entre las pajas,
divisé dos minúsculas cabezas
¡que me hablaron de vida y esperanza,
de amor, de familia y de belleza!

Por eso, cada vez que alguna sombra
oscurece la luz de mi existencia,
recuerdo con cariño aquella flor
que brotó del almendro en la ladera.

Quizá nadie llegara a ver su fruto
y jamás se trocara en dulce almendra...
¡Pero había logrado ya el milagro
de transformar mi invierno en primavera!

Años 90

SUEÑO Y REALIDAD

Yo soñé que el Edén era blanco
y en su seno la paz se escondía,
y brotaba el amor por doquier
y manaba con fuerza la vida...

Y volé con las alas del sueño
persiguiendo quizá una utopía,
y llegué hasta la cumbre más alta
que la más blanca nieve cubría
y quise tomar en mis manos,
a raudales, amor y alegría...
y al hacerlo ¡oh cruel desengaño!
descubrí que la nieve era fría.

¡No era aquel el Edén de mis sueños
si dejaba mis manos heridas!

Y volé hasta la orilla del mar
donde el viento las olas batía
y al chocar con furor en las rocas
de blanquísima espuma cubría.
Era tibia y suave la espuma
mas, en sus finas perlas traía
el sabor de mil lágrimas tristes,
el dolor de tragedias vividas...

¡No era aquel el Edén de mis sueños
si en su seno la muerte yacía!
Y de nuevo gané las alturas
con la fe y la esperanza perdidas...

Y en mi vuelo cansino de sueños
que ni rumbo ni meta tenía
¡cuando menos quizá lo esperaba
descubrí la ilusión perseguida!

Era un valle más puro y más blanco
que la nieve y la espuma bravía.
Era un campo de almendros en flor:
un remanso de paz y de vida,
el cobijo de tiernos amores,
la fontana de fresca alegría,
la esperanza de frutos fecundos
y la musa de eterna poesía…

Y a la dulce caricia del viento
en mi cara y mis manos caían
como lluvia de seda los pétalos,
¡como besos de madre y de niña!
Era un campo de almendros en flor
que encontré en "Las arribes" un día.

¡¡Y era blanco el Edén de mis sueños,
y era hermoso, y en él se fundían
el amor y el esfuerzo del hombre
y el calor de la Mano Divina!!

Febrero de 1996

VIAJE A LA PRIMAVERA

A duras penas el sol
sus rayos desperezaba
y en los cristales de hielo
finas perlas reflejaba.

Los picachos de los montes
a lo lejos blanqueaban
bajo el manto inmaculado
de las últimas nevadas.

Desde el interior del coche
los niños los contemplaban
y, asombrados y curiosos
a la vez, me interrogaban:

—¿Habrá nieve en aquel pueblo?
¿Podremos tal vez tocarla?
—Allí no existe ya invierno
¡es tierra privilegiada!

Ya veréis cuando lleguemos
qué sorpresas os aguardan.

Sus grandes ojos se abrían
y nerviosos se agitaban
deseando llegar pronto
a tierras tan añoradas
que hace años los abuelos
con cariño cultivaban.

Y para hacer más ameno
el camino que faltaba
les fui contando mil cosas,
entrañables y lejanas,
que me fueron transportando
a los años de mi infancia.

"Era un pueblo muy pequeño
de humildes casitas blancas
donde la familia unida,
en torno a la lumbre baja,
compartía sus problemas
y al atardecer rezaba.
Y en lo alto de la iglesia
una antañona campana
comunicaba a sus gentes
noticias buenas y malas..."

Y al hablarles de sus gentes
volví a recordar sus caras,
curtidas de sol y viento,
mas de miradas tan claras
que en sus ojos se veía
la grandeza de sus almas.

Y de nuevo vi sus cuerpos
con las espaldas dobladas
de tanto arañar la tierra
por mil sudores regada.

¡Y cómo al fin su semblante
el gozo lo transformaba
al recoger la aceituna,
las uvas y las naranjas,
y los dulcísimos higos,
y las almendras doradas…!

Entonces las descubrí
pues, cada vez que llegaba
a la casa de la abuela,
la cestita descolgaba
de exquisitos "repelaos"
que con mimo preparaba,
después de cocer el pan
en el horno de la casa.

Y al despedirme de nuevo,
entre besos, me entregaba
una cajita repleta
de almendras garrapiñadas.
Fue en un viaje de aquellos
cuando descubrí la magia
de los almendros en flor
y me robaron el alma.

Pero no quise expresar
a mis hijos, en voz alta,
las profundas impresiones
que me dejaron grabadas;
quise que las descubrieran
y ellos mismos las gozaran.

Y, ante aquel silencio mío
de nuevo me interrogaban:
—¿No llegamos ya, mamá?
(la impaciencia los colmaba).
— Faltan sólo unos minutos,
tras aquella loma blanca…
—¿No nos dijiste hace un rato
que por aquí no nevaba?
—Esperad sólo un momento
y no preguntaréis nada.

Al cabo de unos minutos
el vehículo paraba
y los niños, con presteza,
bajaron y no acertaban
a creer lo que a sus ojos
asombrados se mostraba.

—¡Si no era nieve, mamá,
si son flores ,flores blancas!

Y al rozar a los almendros
con amor les regalaban
mil mariposas de seda
que en su pelo se posaban.

Yo me sentía dichosa
y, mientras los contemplaba,
un ligero escalofrío
me recorrió las espaldas:

¿Sufriría un desengaño
con esta nueva llegada?
Las gentes no eran las mismas,
los abuelos ya no estaban,
las casitas serían nuevas
y las calles asfaltadas…

Mas ¿qué sonido era aquel
que me devolvió la calma?
¡Era igual, igual que entonces!
¡Era la misma campana!

A LA NAVIDAD

EL MEJOR REGALO DE NAVIDAD

Era un domingo cualquiera,
atardecía, invierno.
Y fuera el viento soplaba
que calaba hasta los huesos.

La familia en el hogar
conversa junto al brasero.
La televisión anuncia
sin parar(machaconeo)
¡regalos, licor, turrones,
champán, golosinas, juegos…!
Está cerca Navidad
y no puede perder tiempo.

—¡Mamá, papá, qué bonito!,
yo quiero ese tren eléctrico.
—Yo me pido aquel robot.
—Pues para mí este muñeco.
Y así siguen sin parar
los cinco hermanos pidiendo.

A mí me produce pena
cuando reflexiono y pienso
que ciframos la alegría
en lo que cuesta dinero...
Por eso, y aprovechando
la tarde fría de invierno,
quise contarle a mis hijos
aquel precioso recuerdo.

Escuchad con atención,
les dije, porque yo creo
que no es el mejor regalo
aquel que cuesta dinero.
—¡Ay qué alegría, mamá,
cuéntanos pronto ese cuento!
—Pero, si fue realidad,
¡érais todos tan pequeños!...
Preguntadlo si queréis,
preguntadlo a los abuelos
y ya veréis cómo os dicen
que claro que sí, que es cierto
¡y que fue el mejor regalo
que en Navidad recibieron...!

Era el día de Nochebuena
y en este mismo aposento
estaban a un lado el árbol
y en el otro Nacimiento.
No sabría deciros cómo
ni a quién se ocurrió primero
¡hacer el misterio vivo:
figuras de carne y hueso!

Estábais los cuatro hermanos
y, sin perder un momento,
empezamos a buscar

ropa y cosas que poneros.
Y, con un poco de maña
y la ilusión que tenemos,
pocos minutos después
¡ya está nuestro Nacimiento!

Juan Antonio, cuatro años,
es San José el carpintero,
con su túnica de lana,
un vestido marrón viejo,
y su barba de piel negra
que está pegada con "celo",
y su vara florecida,
tan importante, tan serio...

Isabel María, la Virgen,
cuida al Niño con esmero:
por vestido un camisón
y manto azul, color cielo,
que, con la corona blanca
aviva íntimo recuerdo,
pues desde mi Comunión
con gran cariño conservo.

Pedro Manuel es el ángel
que, con dos añitos llenos
de vitalidad y gracia,
no consigue estarse quieto,
pero que cuando se ve
subido en alto, contento,
junta sus manitas y ¡hala!
parece una estatua presto:
con sus alitas de plata
y en su frente un gran lucero
sujeto con una tira
de espumillón ¡oro y cielo!

Y de Jesús, José Ignacio,
con dos meses recién hechos,
tendido, casi desnudo,
en un cojín, en el suelo,
pataleando con fuerza
aunque, nunca lo sabremos,
si era de verse importante
o era de frío o de sueño.

Ya tenemos todo a punto
bajo el árbol navideño...

¿Y yo?—dice Miguel Ángel—
¿de qué estaba? no me acuerdo.
¡Pero si no habías nacido!
aunque yo tengo por cierto
que desde algún lugar tú,
de la tierra o de los cielos,
estabas con la familia
festejando el Nacimiento.

Pero... ¡dejad que termine,
porque ahora viene lo bueno!

Íbamos de prisa ya
A llamar a los abuelos.

—Pero ¿por qué nos llamáis?
¿a qué queréis que bajemos?
—No se puede decir nada,
¡es riguroso secreto!

Ya bajan las escaleras,
ya se aproximan, y en esto
nos ponemos a cantar
delante del Nacimiento...

Entran y se quedan mudos
entre asombro y desconcierto.
Y quieren cantar con todos
pero, yo bien lo comprendo,
que a la vez que cantan ríen
y lloran al mismo tiempo.

¡Aquello fue extraordinario!
Preguntadle a los abuelos
y veréis cómo os dirán
que ocurrió así, que fue cierto,
¡y que fue el mejor regalo
que en Navidad les hicieron!...

Se quedan los cinco niños
pensativos un momento
y, como si adivinara
de todos el pensamiento,
dice el mayor: ¡Oh mamá,
tuvo que ser estupendo!

Y, después de tu relato,
bien claro que comprendemos
¡que no es el mejor regalo
aquel que cuesta dinero!

Premio de la Delegación de Cultura en Salamanca
del concurso "Navidad en Familia"

Navidad de 1977

LA HISTORIA SE REPITE

Han pasado muchos años,
treinta y cinco desde aquello
que ocurrió en la Nochebuena
y perdura en el recuerdo.

Han pasado muchos años,
eran los hijos pequeños
y quisimos sorprender
a sus queridos abuelos.

Preparamos un Belén
de verdad, de carne y hueso,
y, cuando ya estaban todos
bajo el árbol navideño,
los llamamos y quedaron
de la emoción boquiabiertos...

¡Aquel fue el mejor regalo
que en Navidad recibieron!

Han pasado siete lustros
y aquellos niños crecieron,
pero en su alma guardaron
aquel precioso momento
y quisieron que nosotros,
que ahora somos los abuelos,
¡revivamos la experiencia
con sus hijos, nuestros nietos!

Era el día de Nochevieja,
ya rayaba el Año Nuevo
y la mesa rebosaba
de manjares estupendos.

¡Que se va a enfriar el pulpo!
Pero, ¿dónde se metieron?
En la petrea chimenea
crepitaba rojo el fuego.

"Dime Niño de quién eres"
escuchamos al momento
y penetran en la estancia

¡oh divino nacimiento!
los cinco niños alegres,
¡cinco soles, cinco cielos!

Adrián, como su padre,
es san José el carpintero,
con su cayado en la mano
y su tocado de hebreo.

Y la Virgen es Natalia,
como su madre otro tiempo:
con su manto y su corona
cuida al Niño con esmero.

¿Y el angelito? pues Óscar
como no podía ser menos,
con sus alitas de plumas…
igualito, igual que Pedro.

Y Claudia de pastorcita,
en su cabeza un pañuelo
y su mochila y zamarra
de blanquísimo cordero.

Y el Niño Jesús Martín
que para eso es el pequeño
pero, que al menor descuido,
¡se nos escapa corriendo!

¡Qué maravillosa escena!
lo mismito que hace tiempo,
con las mismas emociones
y los mismos sentimientos…
¡También fue el mejor regalo
que en Navidad nos hicieron!

Navidad de 2007

EL ESPÍRITU DE LA NAVIDAD

La Navidad ya se acerca
y la gente, en desconcierto,
se atropella por las calles,
y se llenan los comercios
y los ruidos y las luces
de rutilantes destellos
te hacen comprar y comprar,
gastar más y más dinero...

¡Cual si para ser feliz
fuera necesario esto!
Hemos perdido el Espíritu
de Navidad, verdadero.
Recuerdo, siendo muy niña,
en aquel humilde pueblo,
la más feliz Nochebuena
¡ha pasado tanto tiempo!

La noche era oscura y fría
y fuera soplaba el viento
que traía de la sierra
finos cristales de hielo.

Las familias se quedaban
en el hogar, junto al fuego,
y allí, unidos, celebraban
de Jesús el Nacimiento.

Junto a nosotros vivía
un matrimonio de viejos
que, sin hijos, no tenía
alegría ni contento.

Aquella noche mis padres,
con cariño, nos pidieron

que fuéramos a buscarlos
y, al momento, aparecieron
con un viejo acordeón
que de Argentina trajeron
cuando en plena juventud
en América estuvieron.

Hacía ya muchos años
no sonaba el instrumento
y el viejo, con emoción,
¡nos regaló su concierto
de tangos y villancicos,
de nostalgia y sentimiento!

No sé si habría turrón
en casa, en aquel momento
pero, fue una Nochebuena
que se me grabó tan dentro
que en los años que yo viva
conservaré su recuerdo.

Allí sí estaba el espíritu
de Navidad: en los viejos,
y en los padres y en los hijos,
y en el amor junto al fuego,
y en viejo acordeón,
y en el ambiente sincero.

¡Cuántas veces lo buscamos
en regalos y en dinero
y nos molestan los niños
y nos estorban los viejos!...

Este no es el buen camino,
¡así nunca encontraremos
el Espíritu perdido
de Navidad, verdadero!

NAVIDAD

Nunca como ahora fue tan necesario
Al mundo un Mesías venir a salvar.
Vivimos tan tristes, tan solos, tan pobres...
Islas parecemos en medio del mar.
¡Damos tantos tumbos en nuestro camino!
Andamos sin rumbo buscando un destino,
Debemos a prisa la "estrella" encontrar...

Porque ¡hay tantas nubes que no nos permiten
En nuestro horizonte su luz divisar!
Porque muchas veces con falsos luceros,
Imitación burda de esa luz real,
Tenemos cegados nuestros pobres ojos
Al destello puro de su claridad.

¡Rompamos por siempre nuestras falsas "lunas"!
O no encontraremos en ellas jamás
Belleza tan grande ni luz tan intensa
La que el mundo añora en su oscuridad...
Esa luz es Cristo, la luz verdadera,
Sigamos su estrella, ¡es la navidad!

Navidad de 1987

ÁNGELES DEL TERCER MUNDO

A todas las mamás que, a veces,
en vez de educar, "deseducamos"
a nuestros hijos.

Es un hogar confortable
y, en el cuartito de estar,
conversan alegremente
una niña y su mamá:

—¿Aún no te has decidido?
los Reyes no te traerán
nada si no les escribes,
¿qué regalos pedirás?

—¡Tengo ya tantos juguetes
que no sé con qué jugar!,
dice la niña, y de pronto
tiene una idea genial:

—Una "Muñeca repollo"
me gustaría quizás
para ponerle yo el nombre
y ser como su mamá.

—Está bien, cariño mío,
no dudes que atenderán
tu deseo sus Majestades
pues has sido tan formal…

En la "tele" se ve entonces
el problema tan brutal
que sufren miles de niños
que, por no tener ni pan,
con su barriguita hinchada
mueren en gran cantidad.

Entonces, cual si una estrella,
quizá la de Navidad,
iluminara su mente
y le infundiera bondad,
dice exaltada la niña:

—¿Sabes qué pienso, mamá?
no quiero ya la muñeca
ni pediré nada más;
prefiero adoptar por hijo

un niñito de verdad
y mandarle ese dinero
para que pueda comprar
alguna ropa de abrigo
o medicinas o pan...

¡Qué cosas tiene mi niña!
—dice entonces la mamá—
tu corazón es de oro,
mas no solucionarás
nada con tu sacrificio,
¡hay tanta necesidad!...
¡es cosa de los gobiernos,
no te debes preocupar!

Aquella noche la niña
ve en sus sueños desfilar
su colección de muñecas
que se aburren de esperar
en vano porque su dueña
se ha olvidado de jugar.

Y allá en lo alto del cielo,
es Noche de Navidad,
grandioso coro de ángeles
entona cantos de paz.

Queda entonces boquiabierta
al descubrir, por azar,
sus barriguitas hinchadas
que le hacen recordar...

Y su corazón de oro
se volverá a revelar:
—¿Fue culpa de los gobiernos?
¿Estás segura, mamá?

Navidad de 1984

EL HUÉSPED

"Vino a los suyos y los suyos no lo recibieron..."

Con ajetreo y bullicio
la fiesta se organizaba.
Invitados y curiosos
mi posada abarrotaban
deseando ver al Huésped...
¡pero el Huésped no llegaba!

Nos dijeron que era un Rey
que hospedarse deseaba
e imaginamos su frente
bajo corona dorada,
con lujosas vestiduras
y capa de armiño blanca,
con anillos en los dedos
de brillantes, oro y plata...

Y acudimos a la puerta
al escuchar la llamada
y no era más que un mendigo
el que pidiendo pasaba.

¡Y le cerramos la puerta
de la lujosa posada!

Y volvieron a llamar
pero el gran Rey no llegaba:
era sólo un pobre niño
que por el hambre lloraba.

¡Y no le abrimos la puerta
y no le dimos posada!

El tiempo fue transcurriendo
y la fiesta comenzaba
seguros de que el gran Rey
ya no vendría a la posada.

Y se encendieron las luces
y la música sonaba,
los dulces se consumían
y el champán burbujeaba…
pero no había alegría
en medio de la abundancia.

¡Faltaba el principal Huésped
y su ausencia se notaba!

Ya la fiesta decaía
porque todos se marchaban
y cada vez más vacía
se quedaba mi posada.

Aquella noche, en silencio,
sobre mi cómoda almohada,
no pude cerrar los ojos,
¡tántas cosas recordaba!

¿Qué tenían en común
aquellas tristes miradas?
¿Acaso no eran profundas
y transparentes y claras
como los ojos del Rey
que en la fiesta yo esperaba?

¿Cómo pude estar tan ciega
que a distinguir no acertaba
que en el pobre y el hambriento
el mismo Rey se encarnaba?

¡Nunca más pondré cerrojos
ni desoiré tu llamada...!

¡Perdóname, Rey Divino,
tuya será mi posada!

Navidad de 1987

JESÚS-EMIGRANTE

"Estuve peregrino y me acogisteis..."

Una madre prepara con mimo
la cabaña de pobre cañiza
porque el hijo ya llama a la puerta
que, al abrirse, dé paso a la vida.

Y de pronto la guerra se asoma
como fiera que acecha escondida
y planea la muerte en el aire
con la carga de bombas malditas.

Y la madre abandona su choza
a la mano del padre cogida,
y apresuran sus pasos cansados
a la playa que al fondo divisan.

Y se embarcan en pobre "patera"
que hipoteca su hacienda y su vida,
y en su manta andrajosa arropados
sobre el frágil barquito se hacinan.

Acallaron los gritos del parto
los embates de las olas frías
y el llanto de un niño resuena
en la barca que va a la deriva.

Y la madre lo envuelve amorosa
en la manta mojada y raída.
Y su pecho está seco y vacío,
y el agua salada y la mar bravía.
Y se cierran sus ojos cansados
y en las tablas se queda dormida.

Amanece, y el sol con sus rayos
la llegada pregona del día.

Y despierta la madre asustada
y a su hijo contempla aturdida
entregado al más plácido sueño
en la cuna más blanda y mullida
que jamás ella nunca soñara,
y se sienta a su lado y lo mira.

Cuando el padre sonríe y la abraza
luces de colores todo lo iluminan
y magnífico coro interpreta
bellos cantos de paz y alegría.

Y los hombres, mujeres y niños
ante ellos amables desfilan,
y le ofrecen hogar confortable,
y le obsequian con ropa y comida,
y un trabajo, que pueda librarles
de tristezas, de guerras y huídas.

Otra vez NAVIDAD y en su cuna
el Dios—Niño—Negrito suspira.

1º Premio de poesía navideña. Asociación de Mujeres Albenses, 2003

LAS FIGURAS DEL BELÉN

Si yo pudiera elegir
en el Belén de verdad
¿Qué figura hubiera sido
la primera Navidad?

— Yo quisiera ser María
para poder regalar
el Niño—Dios, hecho Hombre,
a toda la humanidad.

— Yo quisiera ser José
y con cariño cuidar
el tesoro más hermoso
que Dios me iba a encomendar.

— Yo quisiera ser el Ángel
para poder anunciar
el nacimiento de Cristo
con mis cánticos de paz.

— Quisiera ser lavandera
y así poderle dejar
blanquísimos los pañales
al Niño que es claridad.

— Quisiera ser pastorcillo
para poderle llevar
la lana de mis ovejas
con que su cuerpo abrigar.

— Quisiera ser panadero
del trigo más candeal
y con mis panes más tiernos
sus hambres poder saciar.

— Quisiera ser un Rey Mago
para poder caminar
tras la estrella luminosa
de la esperanza y la paz.

— Quisiera ser…mas ¿qué digo
si cada día es Navidad,
si cada instante en la tierra
nace un Jesús de verdad
que padece de hambre y frío,
que sufre la enfermedad,
y la falta de cariño
y la ausencia de la paz?…

En este Belén inmenso
todos podemos jugar,
con amor, a ser figuras
de la nueva Navidad.

Navidad de 2006

FELIZ CUMPLEAÑOS JESÚS

Han pasado veinte siglos,
dos milenios, dos mil años
desde que dejaste el cielo
para estar aún más cercano,
¡y en el seno de una Virgen
te transformaste en humano!

Han pasado veinte siglos,
dos milenios, dos mil años
derrochando paz y amor,
haciendo los montes llanos,
buscando ovejas perdidas,
¡perdonando y perdonando!

curando miles de heridas
y tristezas consolando,
alimentando al hambriento
con tu Cuerpo y derramando
el agua de tu palabra,
la sangre de tu costado
para saciar nuestra sed,
que nada puede saciarnos,
¡Porque te fuiste y quedaste
para nunca abandonarnos!

Han pasado veinte siglos,
dos milenios, dos mil años…
Y nosotros ¿qué hemos hecho?
¿nos habremos enterado?
¿Por qué no vemos tu estrella
como pastores y magos?
¿Por qué tu amor no acogemos
y no sabemos sembrarlo?
¿Por qué no cesan los odios
ni a los demás perdonamos?
¿Por qué no llevamos luz
a los ciegos que encontramos?
¿Por qué no somos palomas
que anuncian la paz volando?
¿Por qué en los pobres y humildes
nunca tu rostro encontramos?
¿Por qué la verdad cubrimos
con mentira y con engaño?
¿Por qué tiramos comida
mientras millones de hermanos
mueren de hambre y de sed?
¿Por qué somos tan ingratos?
Tú conoces las respuestas
porque eres Dios y eres sabio,
y sabes cómo es de frágil

y de humilde nuestro barro,
que aprisiona la semilla
que Dios plantó con su mano.

Han pasado veinte siglos,
dos milenios, dos mil años…
Es tiempo de jubileo
y, humildes, te suplicamos
escuches nuestras plegarias,
perdones nuestros pecados,
consueles nuestras tristezas,
despiertes nuestros letargos,
ilumines nuestras mentes
y endereces nuestros pasos.
Haznos, Señor, sembradores
de esperanza en los hermanos.
Que la paz envuelva al mundo
y hechas realidad veamos
las peticiones que al Padre
en tu nombre le rezamos:
"Venga a nosotros tu Reino
y tu voluntad cumplamos"
¡Felicidades, Jesús,
en tu especial cumpleaños!

Alba de Tormes, 23 de diciembre de 2000

CIBER-NAVIDAD (HUMORADA)

Como hace muy pocos días
acabo de terminar
mi "Curso de ordenadores",
he querido demostrar
que este "mundillo" tan nuevo
me iba a ser de utilidad.

Pero, ¡menudo follón
que se puede preparar!
¡Señor, qué vocabulario!
¡y, de datos, cantidad!:
Que si cursiva o negrita,
que si pegar o insertar,
que si el párrafo y la fuente,
que si picar y arrastrar,
que si viñetas y tablas,
horizontal, vertical…

El ratón que no obedece
y se me quiere largar.
¿Qué se habrá creído el bicho,
que soy un gato quizás?
¡Este dibujo no mira
a donde debe mirar!

Pues picas aquí y aquí,
y después lo haces girar.
Pero ¿dónde está el aquí?,
¿y el otro aquí, dónde está?
Esta línea no está bien.
Pues nada, se borra ¡y ya!

Pero, ¿de dónde me sale
la "gomita" de borrar?
¡Yo me voy a volver loca!
Pues lo dejas, y ya está.

¿De nuevo "la maquinita"
de antaño me va a chillar?
Esta vez no le haré caso
y a fuerza de practicar
conseguiré dominarla,
¡y de mí no se reirá!

¡Si hasta los nietos pequeños
lecciones nos van a dar!

Los hijos muy expectantes
los tengo: ¿Qué le saldrá?
Y el marido me ha pedido
que le enseñe a "teclear".
¡En qué lío me he metido!...
¡Lo que sea sonará!

    * * *

Y hasta aquí llegó la broma.
¿Es parodia o realidad?

Ahora ya viene lo serio:
Estamos en Navidad
y en este "Ciber-mensaje"
y en mi "artística" postal
quiero que llegue a vosotros
con el "Niño del Portal"
todo lo bueno y hermoso
que Él nos vino a regalar:

Mucha salud, alegría,
amor y felicidad.

P.D.— ¡Ay Santa Tecla bendita
qué despiste tan brutal,
que me olvidé de guardarlo
y se me pudo borrar!
Ahora que ya lo he guardado
y me empiezo a relajar...
¡La impresora se ha atascado!
¿La conseguiré arrancar?

Alba de Tormes, Navidad de 2007

HOJAS SUELTAS

A LOS OJOS DE UN NIÑO

Mar inmenso de abismos insondables
donde miles de incógnitas se agitan
y surcan por sus aguas, cual veleros,
preguntas que respuestas necesitan.

Puro cielo de estrellas jalonado
con guiños de sorpresas infinitas
y destellos radiantes de ilusiones,
de candor, de esperanza y alegría.

Puerta abierta hacia nuevos horizontes
para poder volar cual golondrina
y descubrir los íntimos secretos
que ocultan los caminos de la vida.

Espejos que en sus límpidos cristales
reflejan de la madre las caricias,
esconden la dulzura de sus besos,
dibujan en su cara la sonrisa…

¿Quién se atreve a enturbiar las claras aguas
que la mar de sus ojos siempre agita?

¿Quién pretende esconder tras negras nubes
estrellas y luceros que iluminan?

¿Quién cerrará el futuro bajo llave
y quebrará las alas de la vida?

¿Quién podrá mancillar esos espejos
y borrar de las madres la sonrisa?

¿Quién querrá arrebatar de su mirada
la inocencia, la luz y la alegría?

CANTA A LA VIDA

Cuando tu alma se llene de tristeza
porque el mundo te juzgue y te maldiga
¡canta a la vida!
Cuando sufras dolor y desengaño
y no encuentres quien te haga compañía
¡canta a la vida!

Cuando el sol se te oculte y no te quede
calor ni luz en tu ilusión perdida
¡canta a la vida!

Cuando pienses que nadie te comprende
y te dejan tirado en una orilla
¡canta a la vida!

Canta a la vida cuando ríes,
canta a la vida cuando lloras,
canta a la vida por la noche,
canta a la vida con la aurora.

Que aunque esta vida es mar tempestuoso
que va cruzando tu barca a la deriva
si remas alegre, aunque te cueste,
arribarás feliz a la otra orilla.

1980

INTERESANTE LECCIÓN

A todas las mujeres que, con su trabajo,
contribuyen a construir un mundo mejor.

Silba el viento en los árboles desnudos
y se pintan de blanco los tejados.
Los alumnos ya cesan en sus juegos
que, por hoy, el recreo ha terminado.
Se reanudan las clases en el aula
y dice la maestra: ¡comenzamos!

Hoy propongo que hagamos una encuesta
y al final comentar los resultados.
Escuchad muy atentos, por favor,
la importante pregunta que yo os hago:
¿Quién es una mujer trabajadora?
¡Ya podéis escribir! Y al poco rato
impacientes esperan el momento
de conocer, por fin, lo contestado.

"Mujer trabajadora es la enfermera
que presta a los enfermos sus cuidados"
"y es la limpiadora que se afana
en que todo esté pulcro y aseado"
"y la obrera que en fábricas trabaja",
"la abogada que atiende su despacho",
"La que vende en la tienda de la esquina"
"y aquella que investiga sin descanso",
"la que sirve el menú en el restaurante",
"la que cuida en el campo su ganado"…

Y de pronto pregunta la maestra:
(y espera que los niños alcen manos)
Decid, vuestras mamás ¿en qué trabajan?

Cada alumno en voz alta va contando
los diversos trabajos de sus madres,
y al observar que un niño está callado,
le anima con cariño y él responde:
¡Mi mamá no trabaja en ningún lado!

¡Escúchame —le dice la maestra—
y verás cómo estás equivocado!
¿Quién cura tus heridas si tropiezas?
¿Quién te limpia tus ropas y tu cuarto?
¿Quién cocina tus platos preferidos?
¿Quién te enseñó a atarte tus zapatos?
¿Quién atiende al abuelo en sus achaques?
¿Quién realiza la compra en el mercado?...

¿Eso no es trabajar? ¡Pensad un poco!
¡Y son tan importantes sus trabajos!
Lo mismo que el de miles de mujeres
que, a veces con esfuerzo sobrehumano,
permanecen de guardia noche y día,
multiplican sus horas y sus manos
poniendo el corazón en sus tareas,
que a menudo tan poco valoramos,
¡para lograr que puedan ser felices
las personas que viven a su lado…!

El trabajo, bien hecho, dignifica
¡¡merece gratitud y nuestro aplauso!!

Primer Premio del Concurso "Día de la Mujer Trabajadora" 2016.
Ayuntamiento de Alba de Tormes

RECUERDOS Y ENSOÑACIONES (DE JUANA LA LOCA)

Una carroza surca los caminos,
polvorientos y secos, de Castilla
escoltada por séquito imponente
que interrumpe la paz de la campiña.

Los labriegos, que cuidan sus sembrados,
observan la soberbia comitiva
y a través de la artística ventana
una joven mujer, casi una niña,
cuyo porte y belleza extraordinarios
les despierta admiración y envidia.

Pero la noble dama, acariciada
por los rayos de sol y por la brisa,
va sumida en recuerdos infantiles
ante el futuro incierto que la intriga.
Y evoca su palacio siempre lleno
de música, de juegos y de risas
y a sus padres, los Reyes, tantas veces

ausentes de la casa y la familia,
e imagina la vida que le espera
en la Corte flamenca ¡tan distinta…!

Pasaron unos años y hoy regresa
para heredar el Trono de Castilla,
por los mismos caminos polvorientos,
con lujosa carroza y comitiva…
pero su aspecto ajado y taciturno
revelan la verdad: ¡Ya no es la misma!
Atrás dejó desprecios y desdenes
que en la Corte de Flandes recibía,
y un cielo siempre gris que la sumiera
en profunda y atroz melancolía.

Y aunque allí conoció el amor soñado,
los celos sus entrañas corroían.
Y gozó de los frutos maternales
que ahora mismo tan lejos dejaría…

Y el futuro se muestra tan incierto
que la mente enfermiza no adivina:
Su madre, la Reina, tan cambiada,
la casa familiar tan triste y fría,
el padre y el esposo disputando
tantos reinos que ella heredaría…

Y la muerte de seres tan queridos
la dejan indefensa y desvalida.

Y padece el injusto cautiverio
en la triste "prisión" de Tordesillas.
¡¡ Y pasará a la Historia como "Loca"
la desgraciada Juana de Castilla!!

Taller de Lectura de la Biblioteca Sánchez Rojas de Alba de Tormes.

Noviembre de 2016

DIÁLOGO DE AMOR: EL BAUTISMO

¡Soy tan pobre y tan pequeño…
—dice un niño a su mamá—
que aunque mucho lo deseo
no encuentro nada que dar!
Si yo tuviera dinero
podría solucionar
los problemas que este mundo
padece en gran cantidad:
hambre, catástrofes, guerras,
desencanto, enfermedad…

¿Quién te dice que eres pobre?
—le contesta la mamá—
¿Sólo es rico el que atesora
bienes para disfrutar
y amasa grandes fortunas
buscando felicidad?
¡Tú tienes otros tesoros
que cotizan mucho más!
pero están dentro de ti,
¡ven y los descubrirás!
Siéntate aquí en mi regazo
porque te quiero contar
lo que ocurrió hace unos años…

Te fuimos a bautizar,
¡eras tú tan pequeñito
que no puedes recordar!
y además de darte un nombre
con el agua bautismal
recibiste los tesoros
de los que te quiero hablar:
¡son unas gracias tan grandes
que no las puedes guardar

para tí solo en el alma
sin darlas a los demás!

Te nombraron Sacerdote
para que puedas tratar
a Dios, verdadero Padre,
como amigo de verdad
ofreciéndole tu vida
en el ara del altar,
unido a todos los hombres
con el Vino y con el Pan.

Y te nombraron Profeta
para que puedas gritar
al mundo "La Buena Nueva"
que Jesús nos vino a dar
con palabra y testimonio,
¡Camino, Vida y Verdad!
que es posible la Esperanza,
la Salvación y la Paz.

También te nombraron Rey,
igual que el Rey celestial,
para que sigas su ejemplo
desde el último lugar
y consueles a los tristes
y des al hambriento pan...

¡Si pones el corazón
y lo intentas de verdad,
con la ayuda de Jesús,
se hará hermosa realidad!

Mamá — le contesta el niño—
¡qué suerte poder contar
con unos padres cristianos

que me quieran enseñar
a ser amigo de Cristo
para poderle imitar!...

¡Compartiré mis "tesoros"
con toda la humanidad!

Febrero de 2008

MALLORCA, ¡RECUERDOS DE AGUA!

Tarde nublada, febrero,
Arenal, inmensa playa,
rítmico vaivén de olas,
brisa suave en mi cara,
mirada en el horizonte
y en el corazón nostalgia.
Momentos de despedida
y en el fondo de mi alma
quiero grabar las vivencias
en Mallorca disfrutadas.
Evocación, sentimientos…
"Mallorca, ¡recuerdos de agua"!

Me la imagino una novia
que suspira enamorada,
y se ciñe la cintura
con el mar de espuma y plata,
y cubre su cabellera
con velos de nieve blanca,
y con perlas y cristales
sus vestidos engalana,
y se perfuma con flores
de almendro, azahar y jara.
Evocación, sentimientos…
"Mallorca, ¡recuerdos de agua!".

Agua que sirve de alfombra
a la catedral de Palma
y cuyo espejo refleja
la hermosura soberana
de pináculos y torres,
rosetones y fachadas,
vidrieras multicolores
y broncíneas campanas.

Agua que canta y que llora
en patios de nobles casas
y recuerda el alma mora
que vaga por la Almudaina
y en íntimos Baños Árabes
y entre las Termas Romanas.

Agua que inundó los fosos
de castillos y murallas
librando a sus moradores
de las sangrientas batallas
tras los puentes levadizos,
las almenas y atalayas.

Agua que besa con mimo
las finas arenas blancas
de las calas recoletas
y de las inmensas playas...
¡Eterno baile de olas
de monótona tonada!.

Agua que rompe en espuma
y estruendosa furia brava
acantilados de Sóller,
Formentor, Cala Ratjada...
y con el viento moldea
caprichosas "Foradadas".
Agua de mares inmensos

durante siglos surcada
por romanos, berberiscos,
comerciantes y piratas,
y por yates de "archiduques"
"Nixes" de fina elegancia,
y por veleros airosos
en disputadas regatas,
y por recios pescadores
con sus redes de esperanza.

Agua que en velos de niebla
y en mantos de nieve blanca
envuelve las altas cumbres
de Sierra de Tramontana,
y se despeña en torrentes
por inquietantes gargantas.

Agua que surcó en milenios
galerías subterráneas
y modeló gota a gota
entre las rocas calcáreas
las formas más caprichosas
que jamás imaginara
el artista más sublime:
El Drac, Artá… ¡cuánta magia!

Agua que surgió fecunda
de la tierra y sus entrañas
con primitivos molinos
 y norias desvencijadas,
ingenios con los que el hombre
la sed del campo saciara.

Agua de lluvia que un día
despertara mi nostalgia
al pisar de Valldemosa
recias calles empedradas:

En penumbra La Cartuja,
de Chopín las manos mágicas,
"gotas de lluvia", piano,
y nocturnos y sonatas…

Agua fría, penetrante,
mezclada con tristes lágrimas
de aquel "Invierno en Mallorca"
que Jorge Sand retratara
repicando desafiante
el cristal de su ventana.
¿Qué sería de Mallorca
si no fuera por el agua?

Agua de mansa albufera
y en pantanos embalsada,
agua en el mar y en el cielo;
agua en la alta montaña;
agua en el suelo profundo;
agua en jardines y plazas…

Evocación, sentimiento…
"Mallorca, ¡recuerdos de agua!".

Mallorca, febrero de 2005

POEMILLAS DE PRIMERA COMUNIÓN

JUGANDO CON JESÚS

¡Hola, Jesusito bueno!
¿vienes a jugar conmigo?

Yo te quisiera enseñar
un juego muy divertido:
Tú contarás hasta diez,
muy lento, muy despacito,

y después me buscarás,
y yo asomaré un poquito
para que tú me descubras...
¿verdad que sería bonito?

Pero...¡Qué tonta que soy,
si enseñarte no es preciso!
si tú ya sabes el juego
y a todo el que está perdido
lo buscas con tanto amor,
lo atraes con tanto cariño,
que no puede resistir
y regresa a tu camino.

¿Te parece que empecemos
este escondite divino?
¡pues escóndeme en tu pecho!
¡quiero estar siempre contigo!

A TU LADO

Tú dijiste a tus amigos:
"Dejad que vengan a mí,
los niños no me molestan,
no los retiréis de aquí..."

Y desde entonces sabemos
que podemos acudir
a contarte nuestras cosas:
las que nos hacen reír,
y los problemas que a veces
nos hacen también sufrir...

Por eso con confianza
hoy venimos hasta ti.
¡Se está tan bien a tu lado!
¡Consérvanos siempre así!

Cuentos y Narraciones

EL LENGUAJE DE LAS COSAS

La tarde era calurosa y el mar, de un intenso azul, invitaba a darse un baño refrescante. Me zambullí en el agua y, después de nadar un rato y juguetear con las olas, salí de nuevo y me tendí sobre la arena. El sol evaporaba con rapidez las gotitas de agua, que iban dejando en mi piel diminutos cristales de sal.

Había poca gente en la playa y se oía, con más intensidad que otras veces, el monótono vaivén de las olas que iba llenando mis oídos y mi mente de un rumor extraño. En muchas ocasiones las había oído pero creo que nunca le había prestado la misma atención. Sí, ahora parecía que me hablaban. Era un lenguaje muy particular, muy suyo, sin palabras... pero yo lo comprendía perfectamente.

Me hablaban de países lejanos y exóticos, de playas lujosas, de puertos con enormes trasatlánticos y maravillosos yates en los que los millonarios buscaban la felicidad sin encontrarla, de valiosísimos tesoros dormidos en el fondo del mar entre corales y madreperlas, de monstruos enormes y terroríficos y seres diminutos y delicados que habitan en sus aguas, de dulces sirenas de leyenda que cautivan con sus voces a ingenuos marineros...

Y me recordaban tiempos históricos en los que tres carabelas surcaban sus aguas rumbo al descubrimiento de nuevos mundos, y casi veía al Capitán Nemo a bordo de su Nautilus, y me asombraba con la presencia de la enorme mole de Moby Dick siguiendo las fantásticas rutas que le marcara Julio Verne con su asombrosa imaginación...

Y me hablaban también (y se notaba su voz quebrada por la tristeza) de tantos pescadores y navegantes que duermen para siempre en su tumba azul y por cuyas muertes vertieron tantas lágrimas mujeres y niños haciendo un poquito más saladas sus aguas…

Y se lamentaban de lo poco que cuidábamos el mar a cambio de los grandes beneficios que él nos ofrecía y de que lo utilizáramos para las guerras en lugar de como el gran lazo de amor que una a los hombres de los más diversos países…

Fue un monólogo interesantísimo. No sé si se lo debí a mi imaginación o al sueño que, poco a poco, se fue apoderando de mí, o a ambas cosas a la vez, pero cuando una de las olas, empujada por la pleamar, besó mis pies y me despertó haciéndome volver a la realidad, ya su mensaje había calado profundamente en mí y hasta me pareció verlo escrito con letras de espuma en la arena:

"Párate, olvida de vez en cuando las prisas, los ruidos, el tráfico, la televisión, las preocupaciones y pierde un poco de tu tiempo en escuchar el lenguaje de las cosas: el agua y el viento, los árboles y las flores, la tierra y el fuego… todos tienen algo interesante que contar, te asombrará cuánto puedes aprender de su escucha".

Años 80

NOCHE DE FANTASMAS

Aquella noche Doña Julita no conseguía dormir. Estaba tan preocupada y nerviosa que el corazón le latía más deprisa de lo normal y la cabeza le daba vueltas. Apenas había anochecido y ya estaba deseando que amaneciera para comprobar que, a pesar de todo, no había ocurrido durante aquellas largas horas nada fuera de lo normal. ¿Cómo podía ser que la revelación de aquel "pequeño secreto" que le acababan de descubrir la hubiera desvelado de esa manera, a ella que era más dormilona que un lirón? Y, durante esa vigilia, los recuerdos y vivencias más dispares acudían a su mente con la velocidad de un viento huracanado.

Hacía unos meses que Doña Julita había llegado a aquel pueblo. Era la maestra y ése era su primer destino. La verdad es que se encontraba allí muy a gusto. Era un pueblo grande y rico pues sus campos de cereales se extendían hasta perderse en el horizonte. Sin embargo, al recordar el suyo, pequeño y humilde, sentía un poco de nostalgia: echaba de menos la sierra con sus picachos casi siempre coronados por la nieve y sus laderas cubiertas de castaños y cerezos, sus encinares en los llanos que proporcionaban abundante leña para calentar la chimenea del hogar con sus ascuas siempre rojas y… las piedras, pues algo que le llamaba poderosamente la atención era la ausencia casi total de piedras en aquel pueblo: ni por la calle, ni en el campo, ni en el río…

Por lo demás, se había adaptado muy bien: la escuela con sus niños tan distintos de los que había estudiado en los libros pero tan alegres y ávidos de aprender, los compañeros con los que echaba sus partidas de cartas, las amigas con las que paseaba y acudía los domingos al baile en aquel salón público al que todo el mundo iba a ver con quién bailaba cada cual, la casa donde estaba "a pupilo", amplia y cómoda, con sus paredes de ladrillo y su poyo de piedra a la puerta… Y luego estaban "los patrones", tan amables y cariñosos, que le ayudaban a sobrellevar mejor la ausencia y lejanía de los suyos.

La señora María, la patrona, era una mujer discreta, muy trabajadora y limpia como los chorros del oro. Atendía la casa, tenía siempre a punto la comida, iba a lavar al río con su tajuela y su lavadero, cuidaba de sus animales, pero sobre todo, en estos días, andaba preocupada por su marido que estaba enfermo y lo atendía con especial dedicación.

El señor Ramón, el abuelo Ramón como todos le llamaban, era un hombre curtido y apergaminado por los años y por toda una vida de trabajos y fatigas en el campo. A los 8 años, contaba muchas veces a sus nietos, ya trabajaba de "rollón" en casa de uno de los "señoritos". —¿Y qué es eso?— le preguntaba alguno de ellos. Pues cuidaba y entretenía a los niños de la casa, era como una niñera —le contestaba—. A los 14 años ya conducía el coche de caballos cuando los señoritos iban a la feria de Salamanca, para presumir orgullosos de aquellos animales tan gordos y lustrosos que más de una vez acapararon los primeros premios de dicha feria y, hasta no hacía mucho tiempo, realizaba las más diversas tareas tanto en la casona como en las tierras. Pero ahora, que ya estaba jubilado, una grave enfermedad lo tenía postrado en una cama del hospital de la ciudad.

Su familia había decidido que la operación, que podía salvar la vida al abuelo Ramón, se la realizara un famoso cirujano "de pago" y, para ello, la señora María su mujer, había echado mano de los ahorros de toda la vida, y aquel día había guardado las 30.000 ptas. que importaba dicha intervención en un cajón de la cómoda que había en la habitación de Doña Julita.

Eran los años 60 y, como cada noche después de cenar, todos los habitantes de la casa se reunieron en torno a la gran chimenea de la cocina, atizada con paja, para escuchar las noticias del "parte" de las diez en la radio. Apenas hubo finalizado, Doña Julita dio las buenas noches y se dispuso a retirarse a su habitación. Fue entonces cuando la señora María, que la había seguido, se acercó a ella con aire misterioso y, en voz baja, señalándole el "escondite" del dinero, le rogó encarecidamente que cerrara bien la puerta no fuera a entrar algún ladrón a robarlo.

Doña Julita, un poco nerviosa por la responsabilidad, trató de tranquilizarla, le dio de nuevo las buenas noches y, después de echar el cerrojo, se metió en la cama. Y este era el motivo de su insomnio. ¡Cuánto dinero! —Pensaba recordando su exigua nómina de apenas mil pesetas al mes— y se puso todavía más nerviosa. Sus ojos, abiertos como platos, se paseaban por la estancia. Su habitación era la mejor de la casa. Constaba de una salita y una alcoba separadas por una puerta de cristal con antiguos visillos de encaje. Se comunicaba con el amplio portal a través de la puerta del cerrojo, y recibía luz y ventilación de la calle por una ventana protegida con fuertes rejas. En medio de la salita había una acogedora mesa-camilla vestida con suaves faldillas, bajo las cuales se conservaba divinamente el calorcillo del brasero de cisco; sobre ella, y sentada en una de las seis sillas de enea que la rodeaban, comía Doña Julita, leía, y preparaba sus clases. En un rincón se situaba el palanganero con su jarra que, puntualmente llena con el agua del pozo que había en el corral, le servía para el aseo diario. Y, adosada a la pared, estaba la "famosa" cómoda repleta de sábanas, toallas y otras ropas necesarias en la casa. Dentro, ya en la alcoba, se encontraba una cama niquelada con su orinal debajo y su alfombra delante, un armario de madera limpio y cuidado y una pequeña mesilla de noche junto a la cabecera.

Poco a poco Doña Julita se fue tranquilizando y el sueño la fue rindiendo. No sabría precisar cuánto tiempo había dormido cuando un extraño ruido la despertó. El corazón comenzó a latirle apresuradamente. ¿Sería posible que alguien hubiera entrado en la habitación? Permaneció inmóvil unos momentos escuchando con atención, ¡nada!, todo estaba en silencio; sin duda había sido una falsa alarma fruto de su preocupación. Intentó dormir de nuevo pero, cuando aún no había entrado en un sueño profundo… ¡raaaasss!, ¡otro sobresalto! Ahora no tenía dudas, había percibido claramente el mismo ruido: como si hubieran arrastrado algún mueble. Era seguro que no estaba sola, se asustó muchísimo y los pensamientos se agolparon atropelladamente en su cabeza buscando qué hacer: si sacaba la mano para encender la luz, se la podían agarrar; si daba voces pidiendo ayuda, aparte de que nadie la oiría porque el otro dormitorio estaba al extremo del portalón, le taparían la boca… Pero, por otro lado, si no reaccionaba y encontraba rápidamente una solución, el ladrón se llevaría el dinero y eso de ninguna manera lo podía consentir. ¿Cómo podría pagarse la operación del señor Ramón? No había más remedio que enfrentarse a lo que fuera. Encenderé la luz y ¡que sea lo que Dios quiera! —se dijo— y, tras varios intentos, consiguió apretar la "pera" y la habitación se iluminó. Rápidamente volvió a meter la mano bajo las sábanas y, muy poco apoco, abrió los ojos. Su cuerpo estaba paralizado por el terror. Solamente su mirada recorrió la habitación hasta donde su postura le permitía y no vio nada anormal. A través de los visillos de la puerta se divisaba perfectamente la cómoda y todo parecía en orden: el cajón que guardaba el dinero permanecía cerrado. Pero… ¿y si lo buscaban en otro lugar? ¡Claro! —pensó— ¡habrán creído que está en la mesilla!

Ahora Doña Julita ya estaba dispuesta a todo. Se incorporó rápidamente en la cama y miró el pequeño mueble… ¡Horror! ¡La mesilla estaba separada de la pared más de 10 centímetros! No había lugar a dudas, había sido arrastrada y eso era lo que la había despertado pero ¡del ladrón ni rastro! ¿Habría entrado antes que ella en la habitación y estaría debajo de la cama? No tenía más remedio que comprobarlo, luego gritaría con todas sus fuerzas confiando en que la oyeran y la auxiliaran. El corazón se le salía del pecho. Inclinó su cuerpo empapado en sudor hacia el suelo y… ¡lo descubrió todo!

Los nervios se desbocaron, las lágrimas inundaron su rostro cuando el llanto y la risa se mezclaron ante la escena que tenía delante: Los flecos de la colcha se habían enganchado en el pomo de la puerta de la mesilla y, con el movimiento de su cuerpo, al tirar de la colcha, la arrastraba tras de sí. No obstante, después de tranquilizarse un poquito, miró debajo de la cama. Allí no había absolutamente nada: ¡el "ladrón-fantasma" había sido desenmascarado!

No sabemos si el resto de la noche Doña Julita podría conciliar el sueño pero, a la mañana siguiente, cuando los primeros rayos de sol se colaron por su ventana, se levantó, se arregló y salió al portal. Allí la esperaba la señora María para darle los buenos días:

—¡Buenos días nos dé Dios, Doña Julita! ¿qué tal ha dormido?

—¡Buenos días, Señora María, muy bien, muchas gracias!

Y, tras desayunar, cogió su abrigo y su bolso, salió a la calle y, acompañada por un grupo de niñas que la esperaban, se encaminó hacia la escuela.

NOTA: Este relato ocurrió realmente como lo he contado.
El pueblo era Palacios Rubios (mi primer destino), la maestra era yo (Doña Pepita), los patrones el señor Hipólito y la señora María Ángela…
¡¡Y EL SUSTO FUE MAYÚSCULO!!

LA IMPORTANCIA DE LAS RAÍCES

Los motores del avión rugían al deslizarse por la pista. Estaba a punto de despegar del aeropuerto de París rumbo a España y Luisa se aferraba con fuerza a la mano de Esteban, su marido, para aplacar sus nervios. Era la segunda vez que tomaba un vuelo pero aún le daba miedo porque la vez anterior había muerto la abuela, venía a su despedida y apenas se dio cuenta, rota de dolor como iba, del viaje y sus circunstancias. Cuando el avión remontó el vuelo los gritos de sus hijos, Carlos y Belén, que viajaban a su lado, la distrajeron y se fue relajando: ¡Mamá, papá, qué bonito, cómo se van alejando las casas! ¡Y los coches en la autopista parecen hormiguitas! ¡Y se ve un río y montañas y…! Todo les llamaba la atención y disfrutaban a tope del viaje. Para ellos sí era el primer vuelo y ¡les hacía tanta ilusión! Además, en pocas horas, llegarían al pueblo de los abuelos y, aunque a ellos ya no los encontrarían ¡y bien que lo sentían! al fin conocerían a sus primos y eso los tenía como locos.

Cuando las nubes ¡de algodón blanquísimo! ocultaron el paisaje, los niños fijaron sus ojos en la pantalla más cercana y se distrajeron con la película que acababa de empezar.

Luisa fue entornando los ojos y Esteban, creyéndola dormida, se dispuso a leer el periódico del día. Pero Luisa no dormía. Iba a regresar al pueblo del que saliera hacía ya muchos años… Es verdad que volvió más recientemente cuando murió la abuela pero fue aquel un viaje tan rápido que apenas le dio tiempo para asistir al funeral y "arreglar" las cosas de la herencia con sus hermanos. Bueno, la abuela no tenía más bienes que la vieja casona familiar con sus antiguos enseres y, como los otros hermanos ya tenían sus casas nuevas y no les interesaba "aquella ruina", como ellos decían, Luisa y Esteban decidieron quedarse con ella, por lo que acordaron que, en cuanto estuvieran de nuevo en París, les enviarían la parte del dinero que les correspondía a cada uno y otra cantidad para que arreglaran el tejado y los desperfectos más urgentes. Y así lo hicieron.

En aquellos momentos ya habían conseguido reunir algunos ahorrillos y pensaban que, en cuanto pudieran, volverían para restaurarla en condiciones y quizás algún día podrían pasar en ella unas vacaciones para recuperar sus raíces recorriendo los queridos paisajes de su pueblo y reviviendo aquellos mágicos y lejanos momentos…

Y entonces empezaron a desfilar por su mente montones de recuerdos que permanecían empolvados por los años y, como por arte de magia, se vio de pronto trasladada a su infancia.

La familia de Luisa era muy humilde. Apenas el trabajo del padre en el campo cubría las necesidades más urgentes de la familia. Pero aquella situación se vio empeorada por la enfermedad y posterior muerte del cabeza de familia que dejó a la viuda con tres niños y casi con "la noche y el día". Por eso, a pesar de que su madre era muy trabajadora y se pasaba los días lavando en el río, helado en los crudos inviernos, y haciendo otros trabajos que le encargaban, la situación era insostenible. No obstante, los niños asistían a la escuela diariamente limpios "como los chorros del oro" con las pobres ropas que la mujer hacía con algunos retales que, a buen precio, le compraba a la vendedora que periódicamente recorría las calles del pueblo con su cesta de mimbre repleta de las más coloridas telas. Eran responsables y estudiosos y, cuando salían de la escuela, echaban una mano a la madre en lo que podían: con el cerdo que cada año cebaban para hacer la matanza, con las gallinas que los proveían de huevos…

Pero ante un panorama tan sombrío Luisa, que era la mayor, apenas una adolescente, le propuso a su madre la posibilidad de irse a la ciudad a servir en alguna casa como lo hacían otras muchachas del pueblo. La madre, con gran pena, ya había dado su consentimiento pero… en aquellos días ocurrió algo que trastocó sus planes. Unos vecinos, que hacía algún tiempo habían emigrado a Francia, vinieron a pasar unos días al pueblo y, al enterarse de la preocupación de su amiga y vecina, le propusieron llevarse con ellos a Luisa con la promesa de que cuidarían de ella y le ayudarían a encontrar un trabajo. Después de discutirlo, madre e hija aceptaron la propuesta. Y así fue como Luisa llegó a

París. Después de permanecer unos días con aquella buena familia encontró un trabajo, interna en una "casa bien", y allá se trasladó con los miedos y las incertidumbres propias de quien nunca había salido del pueblo y no entendía una palabra de francés. Pero Luisa era lista y tan buena que en seguida se ganó el cariño de su nueva "familia" como ella decía y esto le permitía mandar a su madre la ayuda que tanto necesitaba.

Pasó algún tiempo y, aunque añoraba a los suyos y a su pueblo, se había adaptado a la nueva situación tan bien que, a su manera, se sentía feliz. Y fue en aquella casa y en aquel trabajo donde conoció a Esteban. Era español como ella y cada semana llegaba a la casa con "el pedido" del Supermercado para el gasto de la familia. Simpatizaron rápidamente y, tiempo después, se casaron. Fue una boda íntima a la que sólo asistieron los padres de Esteban que vivían allí y la madre de Luisa que, para la ocasión, se desplazó desde el pueblo a París con el billete que los novios le habían enviado previamente.

Después se instalaron en un piso junto al supermercado de los padres de Esteban en el que trabajaban. Poco a poco fueron ampliando el negocio con lo cual pudieron vivir desahogadamente, criar a sus dos hijos y, por fin, vieron llegado también el momento de cumplir la ilusión de Luisa: ¡restaurar la casa del pueblo como tantas veces había soñado!

En cuanto el avión aterrizó en Madrid recogieron su equipaje y, lo más rápidamente que pudieron, tomaron el "coche de línea" que los llevó hasta el pueblo. En unos momentos estaban ante los viejos portones que daban paso al corralón y a la casa. Allí los esperaban los hermanos de Luisa con el maestro de obras que se encargaría de la restauración. Tras los saludos de rigor Esteban se quedó hablando con ellos y Luisa y sus hijos se precipitaron dentro del corral. ¡Qué grande es! —decían los niños asombrados—. Pues claro —contestaba la mamá— es que aquí había varios animales:

Este es el gallinero donde las gallinas ponían sus huevos y criaban a sus pollitos; en este pesebre comían y engordaban los cerdos con los que cada año hacíamos nuestra matanza… —y así fue cómo descubrieron los establos, el pajar, el cuarto de los "aperos", la leñera…

Rápidamente se dirigieron hacia la vivienda y, tras abrir la pesada puerta "de dos hojas", penetraron en ella. En el portalón se abrían varias puertas. Iban a abrir la primera pero algo llamó su atención: Mamá, ¿qué es esto? —decían señalando a un rincón— Eso es un palanganero, en él nos lavábamos y peinábamos porque como no teníamos agua corriente, la traíamos de la fuente en los cántaros que ahora veréis en la cocina, echábamos un poco y así nos apañábamos, ¿veis? en este lado está colgada la toalla, aquí se ponía el jabón, en esta bolsa bordada se guardaban los peines para peinarnos mirándonos en este pequeño espejo…Pero ya estaban abriendo la puerta más próxima. Esta es la sala —continuaba explicando Luisa— en esta mesa-camilla comíamos el día de la fiesta cuando teníamos "forasteros" pues el resto del año se comía en la cocina al amor de la lumbre; este es el baúl donde, al igual que en esta cómoda, se guardaba la ropa porque no teníamos armario y, aquí dentro —dijo corriendo unas cortinas— están las camas donde dormíamos. ¡Qué bonitas! —dijeron a coro acercándose a ellas— ¡son negras y doradas! Y añadió Luisa con emoción: ¡Mirad, en esta nací yo! En aquella época todos los niños nacían en la casa familiar con la sola ayuda de la "partera", una mujer muy mayor que había aprendido a base de experiencia.

Apenas Luisa terminó de decir estas palabras ya los niños corrían a la siguiente puerta. Era la despensa en la que aún se conservaba todo lo necesario para hacer el pan: la artesa para amasar y el torno para refinar la masa, junto al "culo del horno"…

Entonces pasaron rápidamente a la cocina y, tras echar una ojeada rápida al horno, se colocaron bajo la gran chimenea y contemplaron asombrados su altura, lo negra que estaba, la cantidad de puntas que había clavadas… Todo se lo fue aclarando Luisa: el hollín del humo que día día ponía capa sobre capa en sus paredes, los chorizos y morcillas que se "curaban" colgados en aquellas puntas, los poyos a los lados del fuego donde se colocaba el candil cuando no había luz y… Esta vez fue Luisa quien se dirigió como un resorte a la parte de atrás de la cocina seguida por los niños. Allí, junto a la cantarera que conservaba los viejos cántaros, había un destartalado aparador. Abrió con rapidez una puerta y, tras contemplar con ansiedad el interior, sacó un paquete y se lo llevó hacia el pecho como si quisiera abrazarlo. Su boca sonreía con satisfacción a la vez que sus ojos se humedecían ligeramente. Mamá ¿qué hay ahí? ¡Es "un tesoro"! —contestaba Luisa a la vez que comenzaba a desenvolverlo—.

La cuerda tenía un poco de moho y el periódico que lo envolvía olía a humedad y estaba amarillento y negro pero, en seguida, quedó al descubierto su contenido. ¡Vaya un tesoro! —dijo Carlos con decepción—. ¡Es sólo una cazuela y encima está rota! —Replicó Belén en tono despectivo—. ¿Cómo puedes llamar a esto un tesoro? —dijeron a dúo—.

Venid —les dijo la mamá— que os quiero contar su historia.

Los hizo sentar en sendos tajos de madera al lado del fuego, que previamente había encendido, se acomodó ella en la vieja sillita de enea en la que tantas veces se había sentado y comenzó:

Cuando yo tenía vuestra edad, como éramos una familia bastante pobre, solamente teníamos los juguetes que nosotros mismos nos hacíamos: muñecas de trapo, pelotas de lana, chirumbas y tabletas de palo, carros y animales de "cañalejas"…Con ellos nos entreteníamos de lo lindo mientras los hacíamos y después nos divertíamos en los juegos. Bueno, también jugábamos mucho al escondite (¡alza la maya!), a los escaldes (el mique), a las cocinitas, a la comba y a otros muchos juegos ¡y así éramos felices!...

Pero, uno de los días en que llegó el cacharrero a la plaza para vender sus mercancías, traía unos cacharritos de barro preciosos, de un rojo brillante y decorados con adornos amarillos, que nos llamaron a todas las niñas la atención. A una de mis amigas le compraron un platito con su taza, a otra un botijito como los de verdad… pero a mí no me pudieron comprar aquella cazuelita que tanto me gustaba y me marché muy triste a casa. Entonces me propuse que algún día la conseguiría.

Yo había observado que la gente entregaba al cacharrero trigo, garbanzos, castañas…a cambio de sus cacharros (eso se llamaba "trueque") y yo así no lo podía conseguir, pero observé que también recogía trapos y gomas, los pesaba y, si tenían suficiente, les entregaba el cacharro solicitado. Esto, pensé, era más fácil; así que en los siguientes días me dediqué a recorrer los "mudarales" (muradales) de las afueras del pueblo recogiendo gomas de zapatillas y abarcas viejas que había tiradas en ellos y, cuando llegó de nuevo el cacharrero a la plaza, me presenté allí con mi carga. Mi madre, que ya lo sabía, aprovechando que se nos había roto un barreño de la matanza y tenía que comprar otro, me acompañó a por "mi juguete". No le parecía al hombre suficiente lo que llevaba pero, como compramos el barreño, accedió a regañadientes y me lo dio. ¡No sabéis lo que jugué con mi cazuelita, las comiditas que, con hierbas y semillas "cociné" en ella, y cómo la cuidaba…! hasta que un día, un gato que teníamos en la casa, pasó corriendo por "mi cocina" y me la rompió. ¡No había consuelo para mí! Cuando llegó mi padre y me vio llorando me secó las lágrimas y me dijo: No te preocupes, que esto se puede arreglar. Yo lo seguí incrédula pero él cogió unas "lañas" de hierro (como las grapas que vosotros usáis pero más grandes) y, tras hacer a la cazuela unos agujeritos con sumo cuidado, la "cosió" primorosamente y pude jugar con ella mucho tiempo más.

Cuando me fui a Francia ya no tenía edad de jugar pero cogí con cuidado la cazuelita que tanto significaba para mí, la envolví en el periódico, la até con esta cuerda de lino casero, hilado por mi madre, y la guardé en el aparador con la esperanza de recuperarla algún día. ¿Comprendéis por qué es para mí un verdadero tesoro?

Los dos niños emocionados abrazaron a su madre a la vez que le proponían: ¿La podemos llevar con nosotros a París? La pondremos en un lugar destacado de nuestra casa y así no olvidaremos nunca su historia.

Luisa, que ya había pensado lo mismo, aceptó encantada la propuesta y se sintió la madre más feliz del mundo.

Los días en el pueblo se les pasaron muy rápidos, especialmente a los dos hermanos. Habían conocido a sus primos y, de su mano, habían vivido numerosas aventuras: Ya sabían montar en burro, saltar paredes, trepar por castaños y cerezos…Pero ¡eran tantas las cosas que aún les quedaba por aprender! Ellos, que hablaban varios idiomas, que subían de vez en cuando a la Torre Eiffel y dominaban las nuevas tecnologías, se habían sentido un poco ignorantes. Por eso, cuando llegó el momento de regresar a casa, tras coger el "nuevo paquete" con "el tesoro de mamá" le dijeron mimosos: ¡Prométenos que en cuanto esté restaurada la casa volveremos para pasar aquí unas largas vacaciones! Luisa se lo prometió y salieron a la calle.

Allí se unieron a Esteban que los esperaba ya impaciente. Entonces Luisa volvió sus ojos a la ermita del Santo Cristo que se divisaba a lo lejos y dijo para sus adentros con toda el alma: ¡Gracias porque, al fin, mis hijos han empezado a conocer y valorar SUS RAÍCES!

Noviembre de 2010

NOTA: Este relato tiene gran parte de ficción pero la historia de la "cazuelita de barro" es real: tanto su adquisición, como el "cosido con lañas" con el que mi padre la arregló ¡como lo hacía con los cacharros de verdad!

LA SOLEDAD DEL ALMENDRO

Aquel día el pequeño almendro estaba especialmente triste. A medida que iba haciéndose mayor, más y más preguntas se agolpaban en su cabeza de árbol. Miraba con sus ojos verdes a su alrededor y, muy de tarde en tarde, descubría algún detalle en el que hasta entonces no había reparado, pero todo lo demás era de sobra conocido: ¡siempre las mismas cosas!

Y es que vivía nuestro almendro en un minúsculo y recoleto valle rodeado de peñascos que no le dejaban ver más allá de su entorno más cercano. ¡Bueno! algunos metros más abajo, frente a él, estaba el río y al otro lado se divisaba un paisaje un poco más amplio pero ¡estaba tan lejos! y, por otra parte, ¡sus pies leñosos lo tenían tan agarrado a la tierra!

En su pequeño valle, casi siempre verde y silencioso, había minúsculas plantas que en primavera lo alfombraban de colores.

Entre las peñas algunas matas de cantueso y tomillo perfumaban el ambiente…y poco más. Es verdad que, cuando eso ocurría, mariposas y abejas acudían hasta allí para libar su néctar y las hormigas iban y venían apresuradamente con su carga por los carrilillos que, a fuerza de pasar, habían marcado en el césped, y una familia de topos sacaba de vez en cuando un montoncito de tierra fresca al exterior de su topera pero ¡lo había visto tantas veces!

Por otra parte, y esto le parecía mucho más interesante, algunos pajarillos venían a posarse en sus ramas ya larguiruchas pero aún débiles y le ofrecían sus melodías mientras que, a lo lejos, águilas, halcones y buitres surcaban majestuosos el espacio. Algunas cigüeñas se acercaban a veces hasta la orilla del río para hacer acopio de provisiones con que alimentar a su prole en lo alto del campanario o en los riscos y farallones de las cumbres. Entonces se recreaba contemplando su porte, sus largas patas y la gran habilidad que mostraban para atrapar peces, culebras y ranas. Sin embargo, cuando de nuevo emprendían el vuelo y se alejaban, más penosa le parecía su suerte. ¿Por qué él no tenía alas para poder salir de su encierro y ver mundo? —se preguntaba— y de nuevo le invadía la tristeza. ¡Al menos si algún otro ejemplar de su especie le acompañara —pensaba— para poder comentar con su lenguaje de árbol todo esto y compartir sus sentimientos! Pero no, definitivamente estaba solo y su soledad le pesaba cada día más.

Él no podía saberlo pero, lejos de allí, ladera arriba, vivía su familia: miles de frondosos almendros, a veces en imposibles equilibrios por lo abrupto del terreno, pintaban de blanco los campos de "Las Arribes" al comienzo de la primavera y, cuando el viento arrancaba sus pétalos de seda ya marchitos y los esparcía hasta los lugares más recónditos , se ponían su vestido verde de hojas y, más tarde, se llenaban de sabrosísimos frutos, las almendras que, en manos de laboriosos hombres y mujeres que los cuidaban con mimo se convertirían en deliciosos repelaos, quesos de almendra y otras golosinas con que celebrar fiestas, bodas y bautizos. Tampoco sabía ¡cómo lo iba a saber él! que uno de aquellos frutos rodando ladera abajo y después de sortear peñas y barrancos, había caído un buen día sobre la mullida tierra de la topera, había quedado enterrado y el sol y la lluvia…El caso es que la semilla germinó y fue creciendo un arbolito ¡y ese era él! Nada de esto sabía nuestro almendro pero ¡le hubiera gustado tanto saberlo!

Su oído de árbol percibía multitud de sonidos pero no era capaz de descifrar sus mensajes: los trinos armoniosos de las aves, el viento que, en suave brisa, agitaba sus hojas o aullaba amenazador al colarse entre los riscos, el agua que en forma de lluvia tintineaba sobre las piedras o cantaba su eterna canción en la corriente del río o aturdía en atronadoras cascadas durante la tempestad… ¿Qué querrían contarle todos aquellos sonidos?

Mientras se debatía entre dudas y preguntas sin respuestas el almendro iba creciendo lentamente y hasta se sorprendió cuando, en una de las ocasiones en las que el río iba crecido y llegaba casi hasta mojar su tronco, se vio reflejado en su espejo y apenas se reconoció. Ya se había visto en alguna otra ocasión pero, ahora ¡estaba tan cambiado!: sus ramas, peladas por los fríos invernales, aparecían cubiertas de bellísimas flores blancas y rosadas y, tras reponerse de la sorpresa, se sintió orgulloso de su imagen. Pero su savia era aún débil y aquellas prometedoras flores quizás no llegaran a convertirse en frutos...

El río había vuelto a su cauce y, aquel día de marzo, amaneció espléndido. Su mirada de árbol se perdía entre los rizos de la corriente cuando algo desconocido llamó su atención. Surcando las tranquilas aguas se acercaba una pequeña barca. Al aproximarse pudo percatarse de que a bordo iban dos personas, hombre y mujer (él aún no conocía a estos seres) que reían y charlaban animadamente. Su intención era simplemente dar un paseo por el Duero, así se llamaba el río, pero al ver aquel pequeño paraíso con el almendro en flor decidieron desembarcar.

Se acercaron hasta él y, tras contemplarlo con admiración, se felicitaron por el hallazgo de un lugar tan especial. Después se sentaron apoyados en su tronco y, mientras los pétalos de seda nevaban sobre sus cabezas se dijeron las cosas más hermosas que nunca antes había escuchado el almendro y se juraron amor eterno rubricándolo con un apasionado beso. ¡Ah! y antes de marcharse, prometieron volver a "su paraíso".

Cuando el barco se perdió de vista algo le asustó. ¿Qué sonido era aquel? ¡ pon, pon, pon…! ¡Pero si estaba dentro de él! Su corazón de madera, dormido durante tanto tiempo, había despertado sin darse cuenta y latía apresuradamente. ¡Claro, por eso comprendía todo lo que había oído! Y su sangre de savia comenzó a circular a toda velocidad por su cuerpo de árbol llenándolo de vigor y fuerza.

Ahora sus ojos comenzaban a ver con nitidez y sus oídos eran capaces de descifrar los más variados lenguajes de la naturaleza. Y, escuchando la voz del viento, pudo conocer al fin su origen y tuvo noticias de los campos y pueblos que le rodeaban y de los hombres y mujeres que, afanosos, trabajaban, gozaban y sufrían en ellos. Y, en la canción del agua y en sus reflejos, descubrió la existencia de montañas lejanas coronadas por la nieve tan blanca como sus flores, y de hermosas ciudades con magníficos puentes y artísticos monumentos, y del inmenso mar donde miles de blancos pétalos arrastrados por el río se confundirían con la espuma de las olas rompiendo contra el acantilado y… tantas y tantas cosas que se sintió "casi feliz". Sin embargo, ¡la soledad…!

Aquel año sus frutos, por primera vez, brotaron espléndidos. Y, cuando ya estaban en sazón, de nuevo regresó la barca y otra vez el hombre y la mujer se acercaron al almendro, ahora para recoger una cestita de sabrosas almendras. El árbol sintió una alegría inmensa que se fundió con un infinito agradecimiento ante el gesto que vio después: Eligieron la más hermosa de las almendras, hicieron un hoyo en el suelo, la depositaron en él y la cubrieron con un buen puñado de tierra fresca de la topera. Después cogieron en sus manos, a manera de cuenco, un poco de agua y la echaron por encima hasta empaparla. Entonces sí, satisfechos y alegres se embarcaron de nuevo y se alejaron.

Pasó bastante tiempo y, aunque el almendro no recibió visita alguna, en su memoria de árbol conservaba intactos los recuerdos de aquellos acontecimientos que habían cambiado su vida, y sentía añoranza, y dirigía sus ojos verdes al río… Y un hermoso día de primavera, cuando menos lo esperaba, ¡se produjo el milagro!: la barca regresaba una vez más. En esta ocasión el hombre y la mujer no venían solos. Con ellos, de su mano, descendió un niño de corta edad. Se acercaron lo tres al árbol y, dirigiéndose a su hijo, dijeron los padres a dúo: ¡Mira, cariño, éste es nuestro almendro y... ¡éste es el tuyo!

¿Cómo no se había percatado? ¡Era tan pequeño! Pero allí estaba. El arbolito se erguía entre las flores multicolores con un vigor prometedor. Nuestro almendro, emocionado, con su lenguaje de árbol, les dio las gracias. Ellos, sin saberlo, ¡con su amor!, habían hecho posible el milagro. ¡Al fin era plenamente feliz!

LA CABRA MORA

Por aquellos días en la casa de Ángela se vivía una actividad y un ajetreo inusual. Bueno, la verdad es que cada año por esas fechas, en aquel pequeño pueblo serrano, ocurría lo mismo. Avanzaba el invierno, la sierra lucía su manto inmaculado de nieve y los "chupiteles" colgaban de los viejos tejados de las casas. Era pues, según comentaban los mayores, el tiempo propicio para hacer "las matanzas" con la garantía de que, con ese frío, se "curaría" bien.

El padre de Ángela, el señor Antonio, ya había preparado la mesa y los cuchillos de matar, las pajas y retamas del "chamusco", la máquina de embutir, los varales para colgar el embutido...Y su madre, la señora Carmen, había fregado escrupulosamente artesas y barreños, había comprado las especias de adobos y salazones y había cocido en el gran horno de la cocina, además de los panes de ordinario, las riquísimas tortas de anís y las crujientes perronillas que, junto a una copa de buen aguardiente, servirían para que amigos y vecinos brindaran por la buena conservación de las "chichas" con el consabido: "Que de salud sirva". Para ello ya había recorrido Ángela las distintas casas de familiares y amigos después de bien aprendida la tradicional fórmula que en estos casos se utilizaba: "De parte de mis padres, que el jueves matamos y que se pasen por casa a tomar el aguardiente".

Para Ángela, igual que para todos los niños del pueblo, era aquella una verdadera fiesta que esperaban impacientes e ilusionados. Se juntarían los primos y lo pasarían en grande. Les encantaba ver las labores que, como un ritual, llevaban a cabo los mayores y se admiraban de la cantidad de cosas que tenía por dentro el cerdo que, poco a poco, se iban depositando en artesas, barreños y varales. Al final cortarían el rabo y se lo darían como siempre a la chiquillería que, con un poquito de sal, lo asarían sobre los rescoldos que aún quedaban de la gran hoguera del chamusco y, una vez partido, se lo comerían entre todos como aperitivo de la gran comilona que después les esperaba.

Pero, mientras llegaba el ansiado día, ocurrió algo que llenó de tristeza los bellos ojos de Ángela y la inquietó sobremanera.

Antonio y Carmen comentaban junto a la chimenea los pormenores de los preparativos y, de pronto, dijo Antonio: "Es una pena pero hay que quitar la Mora; este año no ha criado bien a sus cabritos porque cada vez es más vieja y da menos leche… tendremos que avisar al carnicero"

Ángela se revolvió en su tajo de madera y, dirigiéndose a ellos, con lágrimas en los ojos, gritó: "¡La Mora no, la Mora no!"

Los papás la miraron con cariño y, acariciando su revuelta melena, trataron de consolarla: "Hija, a nosotros también nos da mucha pena porque ha sido una cabra buenísima pero, si la dejamos, se morirá de todas formas y no nos servirá de nada, así al menos podremos hacer algunos chorizos más y seguirá siendo de utilidad para la familia…"

Ángela, que era ya mayorcita y muy inteligente, entendió los motivos de tal decisión pero se retiró a su habitación dando vueltas en su cabeza al triste e inminente acontecimiento.

En casa de Ángela había varios animales y ella estaba acostumbrada a ver que muchos de ellos se criaban para poder comer su carne: los cebones que ya esperaban gorditos su día, el gallo que cada año se reservaba para el día de la fiesta del pueblo, los tostones, los conejos… Pero había dos que no eran como los demás: la yegua en la que su padre recorría la Sierra por su profesión de Forestal y, cómo no, la cabra Mora.

Desde que Ángela recordaba, la Mora siempre había estado con ellos y era casi una más de la familia. ¡Cuántas veces había jugado con ella en el corralón "a caballitos" acariciando su pelo negro como el carbón y hasta agarrándose a sus cuernos sin que la dócil cabra se inmutara…! Cuando fue un poco mayor aprendió a ordeñarla y, casi siempre, era la encargada de hacerlo pues, la Mora, se dejaba pacientemente y ni se movía aunque, sin querer, le diera algún pellizquito… Era, desde luego, un animal excepcional. Cada año, invariablemente, criaba dos cabritillos divinamente y aún le sobraba leche para blanquear aunque sólo fuera un poquito el café con achicoria que la familia desayunaba cada mañana. Por eso, cuando ya se vendían los cabritillos para ayudar a la escasa economía doméstica, la señora Carmen hacía algunos quesitos que conservaba en la olla de barro, cubiertos de aceite, para merendar en fechas señaladas.

Durante el invierno, apenas amanecía, la Mora salía al campo con el resto de las cabras del pueblo bajo el cuidado del cabrero y de sus perros y, al atardecer, regresaba a la casa haciendo sonar alegremente su cencerrilla plateada que ponía en aviso a la familia para que le abrieran el gran portón del corral donde, después de ordeñada, pasaría la noche a buen resguardo de ventiscas y heladas.

Sin embargo era en verano cuando, gracias a ella, Ángela disfrutaba junto a sus amigos de las mejores aventuras. En esa época las cabras no venían cada noche al pueblo sino que se pasaban una buena temporada en la Sierra. Cada día eran conducidas por el cabrero hasta las altas cumbres donde encontraban las hierbas más jugosas saltando por riscos y peñascos en equilibrios imposibles. Pero al mediodía bajaban a los prados de la ladera donde pasarían la tarde vigiladas por los dos magníficos perros que las defendían de los posibles ataques de los lobos mientras el cabrero dormitaba en el viejo chozo de palos y retamas. Antes de que regresaran de nuevo a las cumbres había un tiempo destinado para ordeñarlas y allá se dirigían sus dueños, casi siempre muchachos como Ángela y la pandilla, con sus cantarillas de zinc u hojalata para recoger la leche y con un mendruguito de pan para que las cabras acudieran a la llamada y se dejaran ordeñar. Claro que la Mora no lo necesitaba pues era tan buena que acudía en cuanto oía su nombre y se espatarraba ante Ángela para facilitarle la tarea aunque, mimosa como era, esperaba también su recompensa y recibía de manos de su dueña el trocito de pan que le sabía a gloria.

Cuando todos habían terminado la tarea iniciaban el regreso que, casi siempre, se alargaba más de la cuenta entre juegos, recogida de cerezas y moras, descubrimiento de nidos, pesca de ranas… Pero ¡eso sí!, se cuidaban muy bien de ir refrescando la cantarilla en cada arroyo que a su paso encontraban para evitar que la leche se "cortase", aunque no siempre lo conseguían con la consiguiente regañina de las mamás que, al cocerla, veían cómo se cuajaba… Claro que no importaba mucho pues, con un poquito de azúcar, se convertía en un riquísimo postre que estaba para chuparse los dedos.

No es pues extraño que, cuando Ángela supo lo de la Mora y recordó todo esto, se llevara aquel disgusto tan grande.

La víspera de la matanza, cuando se despertó y salió al corral, observó que la cabra permanecía tumbada en su cama de hojas y no había sido llevada al cabrero como de costumbre, por lo que comprendió que el momento tan temido había llegado. Entonces se acercó al animal y lo abrazó largamente en silencio. Luego le quitó la cencerrilla plateada y corrió a su habitación con los ojos llenos de lágrimas. La colgó en la pared junto a la foto en la que ella, muy pequeñita, dormitaba en el regazo de la abuela y salió de nuevo al corral. El carnicero había llegado y la señora Carmen, que se percató de la presencia de la niña, se dirigió a ella como si no ocurriera nada y le dijo: "Ángela, cariño, vete a casa del tío Ramón y dile que vengan mañana a tomar el aguardiente". La niña iba a contestar que ya se lo había dicho pero, guardando silencio, salió apresuradamente del corral y caminó sin rumbo por las calles del pueblo haciendo tiempo.

Al cabo de un buen rato regresó a casa. El corral estaba vacío y todo parecía normal. ¿Habría tenido una pesadilla? Se dirigió rápidamente a su habitación y miró a la pared. Allí, junto al cuadro de la foto, colgaba la cencerrilla plateada. La tomó con cariño en sus manos y, en el viejo collar de cuero, con la pintura más bonita que tenía, escribió: ¡GRACIAS, MORA! La volvió a colgar con gran cuidado para que no sonara…Y suspiró aliviada.

Noviembre de 2010

Relato premiado en el concurso convocado por la Asociación Cultural "Cau Fondo" de Escurial de la Sierra. Publicado en el nº 11, diciembre 2010, de la revista de dicha asociación "Hablemos de… Escurial"

Coda

Este relato está basado en hechos reales de mis vivencias infantiles en Escurial, mi pueblo. Ángela era yo, la cabra Mora tal como la describo, con todas sus "virtudes", y las costumbres y "andanzas" de aquellos años también eran así. Solamente me he permitido una "licencia": He cambiado un poco el final porque me parecía muy "fuerte". La muerte de la cabra Mora la presencié yo y, a pesar de que estaba acostumbrada a ver morir otros animales, el oír sus berridos y ver sus grandes ojos clavados en los míos como preguntándome por qué, me dejó bastante traumatizada y aún , después de más de medio siglo, lo recuerdo con nitidez.
¡Valga este trabajo como desagravio y gratitud!

…Y ESTALLÓ LA PAZ

Transcurría el año 2043 y la vida por aquellos días no era nada halagüeña.

La electrónica, la informática y la robótica reinaban en el mundo y el trabajo de los hombres era fácil y cómodo. Es verdad que había habido una época de paro pero, ahora, desde que se supo "aquello", todo el mundo trabajaba frenéticamente: unos se afanaban en construir refugios subterráneos, otros fabricaban mascarillas en cantidades industriales, otros hacían más y más pastillas de concentrados vitamínicos y proteínas por si el "encierro" duraba mucho tiempo…

Armas ya no se fabricaban pues, desde que habían fabricado "aquella" ¿para qué querían más? Daba vueltas y más vueltas alrededor de la tierra y, cuando todo el mundo pensaba, porque así lo habían dicho, que se trataba de un nuevo satélite que les solucionaría todos los problemas ¡zas!, llega la terrible noticia: es un poderoso artefacto nuclear cuyo mecanismo de seguridad ha fallado y no lo pueden controlar. En cualquier momento puede sobrevenir la catástrofe.

Pablo y Raúl no entienden nada de nada. Son dos hermanos gemelos. Por eso son dos hermanos, pues las familias no quieren tener más que un hijo, las que se atreven a tenerlo, ya que muchas ni eso siquiera y ¡se quedan sin hijos por miedo al futuro…! Pero claro, como Pedro y Raúl nacieron juntos, no tuvieron más remedio que aceptarlos aunque, eso sí, como una gran carga.

Había en el pueblo, pues, muy pocos niños y los que había apenas sabían jugar. Alguna vez Pablo y Raúl recordaban cómo, siendo muy pequeños, salían a la calle con su pelota de colores, pero de un tiempo a esta parte, les estaba prohibido siquiera asomarse a la ventana. Por otra parte ¿para qué querían salir? Una especie de humo negro, que los mayores llamaban contaminación, lo llenaba todo y apenas se veía nada; por eso las personas que salían, porque no tenían más remedio, debían llevar puesta una mascarilla y así ¡ni se podía jugar a la pelota ni a nada! Del sol apenas se acordaban y una noche, hace ya bastante tiempo, vieron las estrellas…Bueno en realidad no sabían si las habían visto de verdad o se lo había contado el abuelo. ¡Ah!, menos mal que ellos tenían un abuelo. Era ya muy viejecito y algunas veces "chocheaba" pero, así y todo, era una suerte tenerlo y los niños lo adoraban. Como ya no podía hacer nada productivo se pasaba las horas sentado en su butaca añorando tiempos mejores. Entonces Pablo y Raúl, cuando se cansaban de jugar con su ordenador o con sus juguetes electrónicos, se sentaban junto a él y escuchaban aquellas historias maravillosas de cuando el campo era verde y en primavera se llenaba de flores, de pájaros, de mariposas…y los dos niños se veían transportados al paraíso y soñaban que jugaban en el campo con su pelota de colores y que, cuando se cansaban, cogían un ramo de flores para que su mamá quitase aquellas de plástico que tenía en el jarrón de la mesita. Es verdad que ellos veían en la pantalla las flores, los pájaros, las mariposas y muchas cosas más pero pensaban que no era lo mismo. Al menos, cuando se lo describía el abuelo, ponía tanto entusiasmo y calor en sus palabras que lo vivían con él. ¡Cuántas veces pensaron que el tener un abuelo era una cosa extraordinaria! Ningún chico del pueblo lo tenía. A unos, según oyeron decir, les aplicaron la "eutanasia" (ellos no entendían esa palabreja) para que no sufrieran y a otros los habían llevado a un planeta lejano donde, según decían, vivirían muy bien…Pero lo cierto es que en el pueblo no había abuelos y era muy triste. Por eso, el día en que oyeron que al suyo también se lo iban a llevar, cogieron tal rabieta que los papás consintieron en que se quedara pues, al fin y al cabo, como ellos decían, entretenía muchos ratos a los niños y así daban menos guerra.

En los últimos días la cosa se había puesto muy fea. Las personas mayores iban y venían a los refugios llevando provisiones y los niños observaban con cara de susto. Ya les habían advertido bien claramente que, si oían las alarmas, se pusieran sus mascarillas y se bajaran rápidamente al refugio…

Aquella noche no podían dormir. Pablo y Raúl recordaban más que nunca las historias del abuelo abrazados a su pelota de colores. De pronto se oyó algo raro. No eran las sirenas pero la gente corría como loca hacia los refugios. Ellos también echaron a correr y, de pronto, se encontraron en medio de la calle. Sin embargo se dieron cuenta de que, aunque habían olvidado ponerse sus mascarillas, no les ocurría nada. Miraron a su alrededor extrañados. La nube de la contaminación iba retirándose poco a poco y en el cielo se iban viendo algunas estrellas. Pero ¡qué maravilla, eran estrellas de colores!

El "artefacto de la muerte" se había desintegrado en una especie de lluvia de fuegos artificiales que lo inundaba todo. Se fijaron un poco más y se dieron cuenta de que algunas de aquellas luces de colores iban dibujando en el cielo enormes letras: la P…, la A…, la Z… ¡Eso era: PAZ!

Pero aquel sonido continuaba oyéndose. Ahora escucharon con atención. Era una música maravillosa y venía de las afueras del pueblo. Rápidamente, con su pelota de colores en la mano se dirigieron hacia allí. No había duda, la música salía de aquel refugio abandonado que nadie usaba porque, según decían, no era seguro.

Todo era muy extraño, pero no tenían miedo. Entraron en el refugio y se quedaron asombrados: ¡Un niñito había nacido allí aquella noche! Su papá y su mamá lo contemplaban felices. Se acercaron un poco. Era un niño muy hermoso y sus ojos se dirigieron hacia ellos y se detuvieron en su pelota de colores. Se la acercaron, la tomó en sus manitas y les regaló una sonrisa.

Se olvidaron del tiempo. Cuando salieron de allí, para regresar a su casa, ya había amanecido y el sol brillaba con toda su fuerza. Los campos aparecían vestidos de un verde intenso, los pajarillos cantaban alegremente y las mariposas volaban de flor en flor…Y allá, en el cielo, aún se podían distinguir magníficas las estrellas de colores que dibujaban con claridad la palabra ¡PAZ!

Navidad de 1983

UNA NAVIDAD DIFERENTE

¡Luis, deja ya el móvil, que te vas a quedar ciego…! —dice un poco enfadada Rosa—. Pero mamá, si ya terminé los deberes —contesta Luis con un mohín—. Y aunque le cuesta dejarlo, como es un niño bastante obediente y responsable, pone el móvil sobre la mesa y se dispone a cambiar de actividad. Luis es también un buen estudiante y saca unas notas estupendas, pero últimamente tiene un poco preocupados a sus padres porque pasa demasiado tiempo "pegado" a la pantalla… Ya son vacaciones de Navidad y se preparan para ir unos días al pueblo. Otros años eran los abuelos y los tíos, con el primo Andrés, los que venían a la ciudad a pasar las Navidades con ellos, pero a los abuelos ya les pesan los años y les cuesta salir de casa…. Luis tiene muchas ganas de ir al pueblo, que casi no recuerda, pero piensa que van a ser unos días tan aburridos: sin luces brillantes, sin comercios, sin belenes, sin cabalgata…

Ya era de noche cuando llegaron a casa de los abuelos y, tras los saludos familiares y cambios de impresiones, se fueron a la cama.

Al día siguiente Luis se dirigió a casa de sus tíos pues, según le dijo la abuela, ya hacía rato que sus padres estaban allí. Jugaría con su primo Andrés… pero lo que no sabía era que estaban de matanza. Rápidamente salieron los dos al corralón donde los hombres, tras chamuscar los cebones en una gran hoguera, los habían abierto y sacaban de ellos tripas que las mujeres llevarían a lavar al río, lomos, costillas, tocino, jamones… Luis tenía los ojos como platos ¡qué cantidad de cosas! Al día siguiente hicieron los embutidos y los dos primos ayudaron a colgarlos en los clavos de la gran chimenea. Luego, mientras las mujeres "deshacían" las mantecas en la gran caldera de cobre que colgaba de las "llares" sobre el fuego, ellos asaron en el rescoldo castañas, patatitas y hasta un chorizo que la abuela había envuelto cuidadosamente en un periódico y… se dieron todos el "gran banquete". Después los mayores echaron una partida de cartas pero ellos, acurrucados a los pies del abuelo, junto al fuego, escucharon de su boca maravillosas historias de su infancia lejana.

Llegó el día de Nochebuena y a Luis le esperaba otra gran sorpresa. Ya le extrañaba el ajetreo que se percibía en las casas y en las calles del pequeño pueblo, casi siempre silenciosas y tranquilas… y en esto se presenta Andrés con un gran fardo que abultaba casi más que él. Ante sus ojos asombrados comenzó a sacar cosas y le dijo: " Vamos Luis, hay que vestirse rápidamente para participar en el Belén viviente ¡date prisa!" Él no sabía por dónde empezar pero fue imitando al primo y, en poco rato, se convertían en auténticos pastores con sus pellicas, sus zamarras, sus cayados… Echaron a correr hacia la iglesia y allí, en el viejo atrio, estaban ya San José, la Virgen con el Niño, y el resto de personajes pero, ¡no había pastores! ¡Claro, eran ellos! Al lado del portal había un pequeño rebaño de ovejas dentro de unos cañizos y, también, ¡cómo no! allí permanecía vigilante Rufo, el viejo mastín del padre de

Andrés que tan buen servicio prestó durante años al abuelo en su tarea de pastor, y ahora al tío que había heredado de él el rebaño y el oficio. Los "orgullosos pastores" ocuparon su lugar y el Belén quedó completo.

Entonces se empezaron a oír sonidos y músicas que se iban acercando. Todos los del pueblo y muchos de los que pasaban allí sus vacaciones se acercaban al portal con los más variados y típicos instrumentos: brillantes almireces, flautas hechas por los pastores, botellas "rascadas" con cucharas… ¡Ah!, y hasta zambombas como la que a Luis le había hecho el abuelo en la matanza con un viejo cantarito de barro y la vejiga del cerdo. Además, cada persona que se acercaba al Belén, iba dejando en un gran cesto de mimbre las más variadas ofrendas: legumbres, leche, frutas…

Terminado el desfile y, tras entonar todos juntos algunos villancicos, se dirigieron a las afueras del pueblo. En una casucha en ruinas se refugiaba una familia que había llegado desde un lejano país huyendo de la guerra. Y fueron depositando ante ellos todas las ofrendas del Belén. Más tarde regresarían hasta allí, ya solos, Luis y Andrés a llevarles unas mantas para que no pasaran frío…

Pocos días después llegó el momento del regreso a la ciudad. Luis, acurrucado en el asiento trasero del coche, sentía bullir su cabeza ¡tantas sensaciones se acumulaban en ella! ¡Qué diferentes el viaje de ida de éste de regreso! ¡Él que pensaba que se iba a aburrir tanto!

De pronto se dio cuenta de algo: ¡No se había vuelto a acordar del móvil! Allí, en la guantera del coche, se había quedado olvidado y no tenía ni batería. ¡Le parecía increíble!

Lo volvió a dejar otra vez y, abrazado a su mochila, con los ojos cerrados, fue recordando todo lo que había vivido y aprendido durante esos días en el pueblo: además de su participación en el Belén viviente, y de conocer la matanza, había montado en burro, había subido hasta la nieve de la sierra, había visto nacer un corderito, había "rebotado" piedras en la charca helada…

Poco a poco se fue quedando dormido. Cuando llegaron a casa cogió la mochila con sus "tesoros" y entró rápidamente en su habitación. La abrió y, con sumo cuidado, sacó de ella la zambomba que le hizo el abuelo y la brillante campanilla que le había regalado su primo Andrés y las colocó en su rincón favorito. Luego sacó una cajita de "repelaos" de almendra que le había hecho la abuela, la abrió y se llevó uno a la boca… ¡qué cosa tan rica, era "gloria bendita"! —como decía ella tantas veces—. Y, rendido pero feliz, se metió en la cama.

Nunca podría olvidar aquellas Navidades:

¡¡Fueron tan DIFERENTES y tan ESPECIALES…!

1º Premio del Concurso de Cuentos de Navidad 2017.
Ayuntamiento de Alba de Tormes

EL MEJOR REGALO DE REYES

Andrés y Lola se afanaban en recoger la mesa de la cena de Nochebuena. Todo había sido perfecto: un menú exquisito acompañado del mejor champán francés, la decoración a base de ramitas de acebo rodeadas de luces, la música de fondo con los clásicos villancicos pero…algo les preocupaba: Carlos, de apenas 7 años, estaba un poco extraño; apenas había comido, permanecía mucho rato callado, pensativo, y en sus ojos se reflejaba una sombra de tristeza. Decididamente le pondrían el termómetro antes de acostarlo por si tenía fiebre. Con este propósito se acercaron a él que observaba con mirada perdida el tintineo de las lucecitas del árbol de Navidad. En ese momento, Carlos se volvió bruscamente hacia sus papás y con voz fuerte y decidida les dijo:

—¿Puedo escribir otra carta a los Reyes?

¡Ah, era eso! —Pensaron con alivio— Seguro que alguna cosa habrá visto últimamente en la tele y querrá añadirla a la larga lista que ya entregó al Paje Real hacía unos días.

—¡Pues claro! —contestaron a dúo—. Pero, ahora ¡a dormir! y mañana, tranquilamente, escribirás tu nueva carta.

Al principio remoloneó un poquito pero, seguidamente, tras darles un beso de buenas noches, se metió en su cama.

Sin embargo, no podía dormir: ¿y si por esperar al día siguiente no llegaba a tiempo la carta? Sigilosamente se levantó, tomó boli y papel y escribió con letra un poquito vacilante por la emoción:

"Queridos Reyes Magos: perdonad que os vuelva a escribir, pero no quiero más juguetes, ni siquiera me importan los que os había pedido en mi carta anterior. Sólo quiero un regalo: ¡QUE VUELVA EL ABUELO! Os mando un beso. Carlos."

Y es que esa noche lo había echado mucho de menos. ¡Era tan especial! Recordaba cuando, siendo él muy pequeñito, vivía con la abuela en aquella casona del pueblo y, cada año, deseaba que llegaran las vacaciones para poder pasar unos días con ellos. Y era en esas temporadas cuando, de la mano del abuelo, había ido descubriendo los maravillosos secretos del campo, de los animales y de las plantas… y fue de su boca de donde salieron las mil historias que tanto le gustaba escuchar acurrucado entre sus rodillas, la cabeza reclinada en su pecho, junto al fuego de la chimenea, hasta quedarse dormido.

Como si fuera una película fueron desfilando por su cabecita multitud de escenas a cual más entrañables. Y se veía montado en el burro camino de la huerta para recoger los rojos tomates y las frescas lechugas que el abuelo con tanto esmero cultivaba. Bueno, lo de menos era eso; se podían pasar la tarde entera en el bosquecillo del camino descubriendo los nidos de los pajarillos con sus huevos a punto de abrirse para asomar por ellos los piquitos amarillos, y persiguiendo las mariposas multicolores con sus alas de seda y las lagartijas que tomaban el sol sobre los viejos muros de piedra, y observando a escondidas las ranas de la pequeña charca para salir de repente y verlas saltar asustadas, y escuchar los silbidos del viento entre las ramas de los chopos a la orilla del río mientras tiraban piedrecillas que salpicaban sus ropas…

Aquello sí que eran aventuras de verdad. En invierno permanecían en el pueblo menos días pero ¡eran tan especiales! Como se iban un poco antes de Navidad ya tenía la abuela preparado todo para hacer la matanza y se pasaban dos días enfrascados en la tarea. Era aquella una verdadera fiesta en la que participaba además de la familia al completo, vecinos y amigos que les echaban una mano o que simplemente pasaban por la casa para tomar una copa de aguardiente con un trocito de torta de anís que la abuela hacía siempre para la ocasión en el viejo horno de la cocina, a la vez que brindaban para que los chorizos, salchichones, lomos y jamones se "curaran" bien. Y luego estaba la Nochebuena en la que los niños, sus primos y él, eran los protagonistas y, después de asistir a la Misa del Gallo, se hartaban de cantar villancicos acompañados de las zambombas que, con las vejigas de los cebones y unos pucheros de barro, los mayores les habían fabricado, y del antiguo almirez dorado que, tan brillante, conservaba la abuela sobre el viejo aparador; y de la botella vacía del anís, que, golpeada con una cuchara sonaba tan bien…y, al día siguiente, recorrían las calles del pueblo pidiendo el "aguinaldo"en el que caían, además de castañas y nueces, muchas golosinas y algunas monedas que hacían las delicias de la chiquillería.

Los papás, con gran sacrificio por parte de sus padres, se habían marchado a la ciudad para estudiar, allí se conocieron, se casaron y después encontraron su trabajo y establecieron su hogar. Y allí había nacido Carlos y asistía al colegio y tenía sus amigos pero, cada día, se acordaba de sus abuelos y deseaba que llegaran las vacaciones para pasar unos días en el pueblo con ellos y vivir en libertad, con sus primos, por las calles y campos.

Cuando murió la abuela el abuelo se vino a vivir con ellos a la ciudad, pero, como cada vez estaba más achacoso, los papás trabajaban muchas horas y él tenía que ir al colegio, pasaba la mayor parte del día solo por lo que todos estaban intranquilos temiendo que le pudiera ocurrir algo malo. Por otra parte tenía mucho tiempo para recordar y la nostalgia y la tristeza se iban apoderando de él. Por eso un día decidieron llevarlo a una residencia. Al principio Carlos se opuso porque, aunque de día casi no lo veía, cuando llegaba la noche se pasaba con él los mejores momentos que recordaba escuchando de su boca las más divertidas e intrigantes "batallitas" que pudiera imaginar, acurrucado entre sus piernas y reclinada la cabeza sobre su pecho. Pero al fin los papás lo convencieron de que eso era lo mejor para el abuelo y, como lo quería tanto, aún a regañadientes aceptó la decisión.

La verdad es que aquella residencia era muy buena y allí estaba muy bien atendido: tenía buena atención médica y personal, le daban muy bien de comer, le organizaban múltiples actividades para entretener su mucho tiempo libre, encontró una "pandilla" para echar "su partida"… Ellos iban a verle con frecuencia pero, cuando hace unos días fueron a felicitarle las próximas fiestas de Navidad y a llevarle un turrón blandito del que él podía comer y una preciosa postal que Carlos mismo le había dibujado con todo interés y cariño, notó que sus ojos no brillaban como antes y, aunque se alegró mucho de verlos, su sonrisa no era la de siempre.

Mientras cenaban aquella Nochebuena, Carlos iba recordando todo esto y la tristeza se iba apoderando de él. De pronto se le ocurrió lo de la carta. Los Reyes Magos eran muy poderosos y él se había portado tan bien que no dudaba que complacerían su deseo. Sin hacer el menor ruido para que los papás no se despertaran, se deslizó de puntillas hasta la cunita del Niño Jesús, situada bajo el árbol y, después de depositar a sus pies la misiva, volvió de nuevo a la cama. Tras un largo suspiro de alivio se quedó dormido. Soñó que Jesús enviaba a un ángel directamente a Oriente para llevar su carta volando… o ¿fue realidad? El caso es que, cuando se despertó a la mañana siguiente, ésta había desaparecido. ¿Sería posible el milagro?

Los días que faltaban para la llegada de los Reyes le parecieron más largos que nunca, ¡tenía tantas ganas de vivir el gran momento! Como todos los años, el día cinco, la gran cabalgata recorría las calles de la ciudad y los niños abrían sus ojos asombrados, arrebujados en sus bufandas para luchar contra el frío invernal. Cuando sus majestades pasaban a su altura, le pareció que le lanzaban un guiño especial de complicidad y eso le llenó de alegría y esperanza.

Estaba deseando llegar a casa y no quiso esperar a que finalizara el desfile, ¿qué importaba que no cogiera más caramelos? Con paso rápido y decidido regresaron y, en cuanto estuvieron dentro, se dirigió como una flecha al salón. El corazón le latía tan deprisa que parecía que se le iba a salir. ¡Los Reyes Magos habían llegado! Junto al árbol se podían distinguir numerosos regalos envueltos en brillantes papeles de colorines. El primer impulso fue dirigirse a ellos y comenzar a desenvolver… pero, en ese momento, oyó su nombre y giró la cabeza. ¡No se lo podía creer! Allí, junto a la chimenea, en su viejo sillón, estaba el abuelo. Carlos se olvidó de los juguetes y se abalanzó sobre él y, después de darle un abrazo, se acurrucó entre sus piernas, reclinó la cabeza en su pecho, como antes, como siempre y le dijo:

Abuelo, cuéntame cómo era la noche de Reyes cuando tú eras pequeño como yo.

Pues verás, nosotros vivíamos en un pueblo pequeñito y pobre. Poníamos nuestros zapatos en la ventana y nos dejaban en ellos higos, castañas, alguna moneda, unas golosinas… Juguetes apenas nos dejaban, pero tampoco los echábamos mucho de menos porque los hacíamos nosotros mismos con cualquier material que encontrábamos a nuestro alcance: muñecas de trapo y lana a las que les hacíamos sus vestiditos, carros y aperos de labranza con cañas, pelotas de lana, combas de cuerdas, chirumbas de palo con sus tabletas de madera para lanzarlas a larga distancia…Alguna vez nos dejaron una anguila de mazapán con sus confites de colores a la que nosotros llamábamos " caja de jalea", otra vez nos dejaron un rompecabezas de cartón con los distintos mapas de España que se gastó al cabo del tiempo por el uso… Otro año, en las botas de mi padre, dejaron una pelota blanca de goma con una nota que decía: "Para que juguéis juntos los cuatro hermanos". En otra ocasión…

Pero Carlos ya se había quedado dormido plácidamente. Las llamas de la chimenea iluminaban su cara que reflejaba toda la felicidad del mundo. El abuelo le acarició el pelo con mimo, como siempre, como si el tiempo no hubiera pasado, y suspiró. Junto al árbol permanecían los paquetes con los juguetes aún sin desenvolver. ¿Qué importaba?

¡El mejor regalo de Reyes ya lo estaba disfrutando!

APAÑANDO ACEITUNAS... EN NAVIDAD

Estaban a punto de comenzar las vacaciones de Navidad. Sin embargo Marcos, a quien le entusiasmaba disfrutar de ellas, andaba un poco cabizbajo. Sus papás preparaban afanosos el equipaje para ir a pasarlas al pueblo y a él no le hacía ni pizca de gracia.

Pero... ¡si antes soñaba con pasar allí estos días! —comentaba entre sí el matrimonio—. ¡Este niño se nos está haciendo mayor y ya le van gustando más el bullicio de la ciudad, sus luces, sus escaparates...! Y continuaron haciendo maletas.

Marcos tenía 8 años y seguía siendo el mismo niño pero, ¡el pueblo había cambiado tanto! La abuela ya no estaba y el abuelo, cada vez más achacoso, vivía con ellos casi todo el año en la ciudad. Por otra parte no quedaban niños en el pueblo porque las familias jóvenes se habían marchado como ellos en busca de un mejor futuro para sus hijos. El trabajo en el pueblo era penoso pues las tierras eran míseras y apenas daban para subsistir a los pocos, ya mayores, que permanecían allí. Hace años, según le contaba tantas veces el abuelo, la gente vivía sobre todo de la aceituna. Había varias almazaras que, durante larga temporada, funcionaban a pleno rendimiento con lo que no sólo tenían aceite para el gasto de la casa sino que vendían bastante y así podían comprar el resto de productos que necesitaban. Todavía recuerda Marcos cómo, siendo pequeñito, lo montaba el abuelo en su mulo sobre los serones repletos de aceitunas y cómo, ya en la almazara, se pasaba largos ratos contemplando las enormes ruedas de piedra que trituraban el fruto y los pringosos discos de esparto que lo estrujaban haciendo manar aquel chorro amarillo que, después de reposar en el depósito, estaba listo para el consumo.

Llegó el momento de partir. Faltaban dos días para Navidad y, aunque de mala gana, no tuvo más remedio que emprender el viaje.

Ya el abuelo se había adelantado para, según él decía, tener caliente y a punto la casona y comenzar poco a poco a recoger la aceituna del único olivar que conservaban para su propio gasto. No obstante el padre de Marcos había contratado, por medio de un conocido, a un jornalero para que hiciera la mayor parte del trabajo y terminar más pronto. La recogida de la aceituna era una tarea durísima pues el invierno era muy frío y, después de varear los olivos, las tenían que rebuscar y coger con las manos entre el follaje helado.

Cuando llegaron al pueblo aún no había venido el obrero, seguramente esperaría a que pasara la Navidad y llegaría el día después para comenzar la faena.

A la mañana siguiente, cuando se levantó, Marcos no tenía ganas de salir y se quedó en la casa recorriendo las distintas habitaciones, el desván, los corrales... pero, después de comer, se abrigó bien y se dispuso a callejear sin rumbo fijo pensando en la triste Nochebuena que le esperaba. Hacía tiempo que en el pueblo no había Misa del Gallo, ningún niño recorría las calles pidiendo el "aguinaldo" y cantando villancicos al compás de zambombas y almireces, ni la abuela estaba para prepararle los riquísimos "repelaos" y el dulce pan de higo, ni... y la añoranza y los recuerdos lo iban poniendo cada vez más triste.

De pronto, sin esperarlo, se topó con David que también había venido con sus padres a pasar las vacaciones al pueblo y a "lo de la aceituna". Se saludaron con alegría y empezaron a corretear calle abajo recordando las muchas aventuras que habían vivido juntos. Y así, sin darse cuenta, encaminaron sus pasos hacia el viejo lagar que tantas veces había sido testigo de sus juegos y fantasías de niños. Mas, cuando ya estaban próximos a él, algo les llamó la atención: de la chimenea de la casa del antiguo guarda salía un humo gris que, a falta de aire, se elevaba hacia el cielo hasta confundirse con las nubes. ¡No puede ser! —dijeron a dúo— ¡si allí no vive nadie! No sabían qué hacer y, por fin, con sumo cuidado y no poco miedo, se fueron acercando. No, no la habían arreglado y las puertas de madera se caían de puro viejas y carcomidas. Por uno de los rotos se asomaron al interior con sigilo, para no hacer ruido y, efectivamente, comprobaron que el fuego estaba encendido y junto a él un hombre y una mujer, sentados, se calentaban. Fue entonces cuando hicieron el gran descubrimiento. El llanto de un niño los sobresaltó y, sin darse cuenta, se apoyaron en la vieja puerta que chirrió lastimosamente. El hombre y la mujer se volvieron al instante, alertados por el ruido, y los niños se quedaron petrificados: ¡eran negros! Intentaron salir corriendo pero las piernas no les respondieron. Entonces el hombre, levantándose de su rústico asiento, se dirigió hacia ellos... ¡y no les dio miedo! Tenía una mirada dulce y bondadosa y al esbozar una sonrisa dejó al descubierto unos dientes blanquísimos. ¡Hola! —les dijo— no os quedéis ahí, entrad y calentaos que hace mucho frío. Quizá no deberían hacerlo pero siguieron al hombre y se acercaron al fuego. Entonces lo vieron: en el regazo de la mujer, arrebujado en una manta vieja y raída se recostaba un niño, negrito como ellos, recién nacido. Ahora se había quedado dormido. Estaba anocheciendo y, por uno de los boquetes del techo, penetraba tímido uno de los últimos rayos del sol e iluminaba su carita oscura.

En el exterior el hielo empezaba a vestir todo de blanco pero, allí dentro, estaban tan a gusto que no se dieron cuenta de que se pasaba el tiempo.

Mientras tanto los papás de los dos niños habían empezado a impacientarse por su tardanza y salieron en su busca. Como conocían su afición de jugar en el viejo lagar se dirigieron hacia allá con sendas linternas en las manos. Cuál sería su sorpresa cuando llegaron y contemplaron la escena: ¡Parecía un Belén!: el hombre y la mujer, el niño recién nacido, Marcos y David que los contemplaban como los antiguos pastores, el viejo "portal" desvencijado... ¡igual, igualito que en la primera Navidad!

Iban a regañar a los niños pero, primero, se quedaron mudos unos momentos y, ya repuestos de la sorpresa, entablaron conversación con el hombre de la sonrisa amable. Era, les explicó lo más claro que su condición le permitía, el jornalero que estaban esperando para recoger la aceituna. Hacía algún tiempo que habían llegado en patera desde Nigeria, luego habían trabajado en distintos lugares y habían conseguido su regularización pero de nuevo se habían quedado en paro y les urgía volver a trabajar, máxime ahora con otra boca que alimentar...y continuó hablando cada vez más preocupado: no habían encontrado mejor sitio dónde refugiarse y, con el frío que hacía, se habían atrevido a ocupar el viejo lagar y allí había nacido su hijo. Perdonen —dijo— si no les pedimos permiso, pero es que no dio tiempo. Y su sonrisa se había transformado en un rictus de tristeza. Trataron de tranquilizarlo como mejor pudieron y salieron de allí prometiéndoles que volverían con ayuda.

Rápidamente regresaron al pueblo los cuatro y la noticia corrió como la pólvora. Todos querían ver el "milagro" y, cogiendo cada cual lo que tenía más a mano: mantas, comida, leche, ropa para el bebé… se encaminaron presurosos hacia el lagar. Mientras unos les entregaban sus presentes otros tapaban con trozos de tablones las grietas y rendijas de techo y paredes para que el frío de la noche fuera más llevadero. Después todos se fueron marchando para reunirse en familia y celebrar la Nochebuena en casa pero… como si un mismo resorte, quizás el "espíritu de la Navidad", los impulsara a la vez, regresaron de nuevo al lagar. Unos, subiendo al desván, habían desempolvado las zambombas que tantos años llevaban sin tocar, otros empuñaban una botella de anís y una cuchara, algunos sacaron de los aparadores los dorados almireces y, todos juntos, comenzaron a tocar, a la vez que entonaban los típicos villancicos que tantas veces cantaran en las Nochebuenas de antaño. Entonces una abuelita octogenaria llegó renqueando con el delantal repleto de repelaos y pan de higo y los fue repartiendo lentamente…

Marcos y David estaban exultantes. Ellos habían sido los artífices de la mejor Nochebuena que recordaban y que, seguro, no olvidarían nunca.

En los días siguientes se recogió la aceituna, se llevó a la almazara y se extrajo el aceite.

El día del regreso a la ciudad se aproximaba y tanto el padre como el abuelo de Marcos, que querían que su obra no quedara a medias, ofrecieron a la "nueva familia" ocupar la casona. Así, cuando ellos quisieran venir, estaría cuidada y a punto. Se encargarían también del cuidado del olivar y la recolección de la aceituna, podrían sembrar el pequeño huerto que había junto a la casa y, si se encontraban a gusto en el pueblo, con eso y algún que otro jornal podrían salir adelante y vivir dignamente y sin preocupaciones. Los nigerianos aceptaron encantados la propuesta y no sabían cómo agradecer lo que para ellos era el mejor regalo.

Cada año la familia de Marcos se acercaba por Navidad para ayudar con la aceituna y llevarse aceite para el gasto de casa pero, cuando murió el abuelo, pasó algún tiempo en el que no tuvieron ánimo para regresar.

Un buen día, cuando ya disfrutaban de las vacaciones, dijo Marcos a sus papás: ¿Por qué no vamos al pueblo?, ¡tengo tantas ganas de volver! Los padres, que también estaban deseándolo, prepararon lo necesario y los tres emprendieron el viaje.

El corazón de Marcos latía apresuradamente a medida que se iban aproximando al pueblo y, cuando ya iban a llegar a la casona, algo les llamó la atención: se oían voces y risas de niños que jugaban en la plaza. Se acercaron un poco más y los vieron claramente. Eran ocho o diez, unos blancos y otros negros, que, juntos, se divertían de lo lindo dando patadas a un balón de colores. Cuando entraron en la casona los nigerianos los recibieron con los brazos abiertos y les explicaron los cambios ocurridos en el pueblo: su familia había aumentado pues habían tenido dos niños más, otros dos matrimonios con sus hijos se habían venido de la ciudad y habían restaurado la almazara y el viejo lagar para hacer un "Centro de turismo rural" con su museo, sus alojamientos, su historia y su sabor…El pueblo tenía vida de nuevo y ¡hasta se había abierto otra vez la escuela!

Estas noticias alegraron enormemente a todos pero Marcos no escuchó el resto de la conversación porque ya había salido de la casa para poder comprobar personalmente lo de "su lagar". Tras un precipitado paseo llegó jadeante y se paró en seco. No daba crédito a lo que veían sus ojos: ¡la restauración era magnífica y todo estaba precioso! A un lado de la puerta lucía un logotipo de cerámica en el que, bajo el tejadillo de una casita, se distinguía: C.T.R. pero, lo que más le gustó fue el nombre que al complejo le habían puesto. Sobre el dintel de la gran puerta, y con robustas letras de forja, se podía leer: "LAGAR EL MILAGRO"

Una cascada de recuerdos se precipitó en su cabeza y sus ojos de adolescente "duro" se humedecieron ligeramente y le brillaron de una forma especial.

Navidad 2008

TORREALTA, OTRO MILAGRO DE LA NAVIDAD

¡Papá, mamá! —gritaban Lucas y Ester al llegar de la escuela—. Pero, ¿qué os pasa? —les pregunta con preocupación Elena al ver lo sofocados que vienen—. Y entran los tres en la casa donde Miguel escribe afanoso sin inmutarse. Escucha papá, traemos una gran noticia: nos ha dicho la profe que a Torrealta lo van a votar como uno de los "Pueblos más bonitos de España"…

¡Qué alegría! —contesta Miguel sin sorprenderse (él había intervenido en la propuesta y ya lo sabía)— y trataba de seguir escribiendo. Ante la insistencia de los niños y la mirada suplicante de la esposa, los miró con cariño y les dijo: "Sentaos, que os voy a contar una bonita historia".

Mirad, Torrealta es verdaderamente un pueblo precioso, pero no siempre fue así. Cuando yo era pequeño la vida aquí era muy difícil: los viñedos se iban abandonando, las bodegas se cerraban, las casas se quedaban deshabitadas… y hasta el Castillo y la iglesia se deterioraban sin remedio. Y es que la gente joven y muchas familias enteras se fueron marchando al Norte o al extranjero buscando un futuro mejor. La escuela se cerró porque no había niños y los abuelos que quedaban malvivían con la pensión y algo de ganado, añorando con tristeza las voces y risas que antaño llenaban las calles, ahora silenciosas y vacías.

A los pocos años, se empezaron a cerrar minas y fábricas y mis padres decidieron regresar de nuevo. La casa de los abuelos era grande. La arreglaron un poco, cultivaron otra vez las viñas, restauraron la bodega y, aunque trabajaron duramente, decidieron quedarse aquí valorando mucho lo bien que se vivía en la tranquilidad del campo. Pero mi hermana Clara y yo no teníamos escuela y cada día nos teníamos que trasladar al colegio del pueblo más grande de la Comarca. Nosotros nos integramos muy bien y participábamos en todas las actividades del centro.

Cada año, al acercarse la Navidad, se organizaba allí un precioso Belén viviente y yo soñaba con que alguna vez pudiera hacerse en nuestro pueblo. Ya habíamos puesto en el colegio el árbol de Navidad (un gran pino traído por los padres del pinar cercano), lo habíamos llenado de adornos hechos por nosotros los niños, con un papelito en el que cada cual había escrito sus deseos. Yo no lo dudé, y en el mío había puesto: "Me gustaría que algún año se pudiera ver el Belén viviente en nuestro pueblo de Torrealta".

Posteriormente los maestros los leerían por si podían ayudar a cumplir alguno de los sueños de sus alumnos. Y, cuando llegó el turno al mío, se propusieron, con ayuda de la asociación de padres y de las autoridades, hacerlo realidad.

Al año siguiente el gran Belén se montó en el atrio de nuestra vieja iglesia, arreglado para la ocasión. En él intervinieron numerosos niños de toda la comarca. A Clara y a mí nos concedieron el privilegio de representar a la Virgen y a San José. Se sacaron dorados almireces de las alacenas, se recuperaron artesanales zambombas y panderos, un pastor ofreció su flauta y sus ovejas… Y de los viejos baúles salieron las más variadas y antañonas prendas que sirvieron de túnicas y de atuendos pastoriles y campesinos. Por supuesto no faltaron los Reyes Magos con coloristas colchas por capas y sus coronas brillantes. Y fue tanto el entusiasmo que grandes y pequeños pusimos en ello que la inauguración fue todo un acontecimiento. La noticia se había difundido tanto y había calado tan hondo que, por primera vez en muchos años, el pueblo se llenó de gente venida de cerca y de lejos… ¡Y hasta la prensa y la tele se presentaron para ser testigos del momento! Los niños cantábamos villancicos, los mayores se sentían orgullosos del resultado de tanto trabajo y los abuelos, con los ojos empañados por las lágrimas, añoraban tiempos lejanos… ¡Solamente por un milagro —se decían— sería posible volver a vivir algo parecido¡ ¡Quizá el Espíritu de la Navidad…!

¡¡Y el milagro se produjo!! ¡Y muchos de ellos tuvieron la suerte de verlo!

Aquel gran acontecimiento sirvió para que se diera a conocer el pequeño pueblo y las posibilidades que tenía su precioso entorno y su caserío con vistas al turismo.

A partir de entonces fueron regresando los emigrantes y comenzó la restauración: se abrieron varias casas rurales, se creó "la ruta de las bodegas" (algunas convertidas en bares y restaurantes) se arregló la iglesia… y el castillo volvió a lucir, como en tiempos gloriosos, su esbelto torreón (de donde el pueblo había tomado su nombre): Había sido transformado en un precioso Parador, lleno de turistas, en el que trabajaban muchos hombres y mujeres. ¡Ah! y tuvieron que hacer una escuela nueva, mucho más grande, que pronto se llenó de niños. Y, de nuevo, las voces y las risas infantiles volvieron a resonar por las calles de Torrealta como "música celestial"… Entonces la voz de Miguel se quebró ligeramente y se hizo el silencio.

Papá —dijo Lucas emocionado— ¡eso sí que fue un gran milagro! ¡Pues claro, hijo! —contestó Miguel—. Mirad con mucha atención, ha llegado el momento de revelaros mi secreto. Entonces sacó del cajón un montón de folios escritos a mano y buscó y buscó hasta que cogió uno de ellos y se lo enseñó. Éste es— nos dijo— el título del libro que estoy escribiendo: "HISTORIA DE TORREALTA" (El pueblo que renació por un milagro de la Navidad).

Poco después se celebraba con grandes festejos el nombramiento de Torrealta como "El pueblo más bonito de España". Con gran solemnidad fue presentado, primorosamente ilustrado con fotos de distintas épocas, el libro de Miguel y, en el mismo acto, nombraban a su autor "Hijo Predilecto del pueblo".

Y cuentan que, en el precioso pueblo de Torrealta, año tras año se puede ver el belén viviente más bonito de toda la comarca.

2º Premio "Concurso de Cuentos Navideños 2018",
Ayuntamiento de Alba de Tormes

EL REGALO DEL PASTOR

¡Anda, si se parece a mi oveja Lucera! —dijo Rafael cogiendo un pequeño tronco seco del suelo—. Yo creo que con algunos retoques me quedará muy propia. Rafael hablaba solo. Ahora se hablaba a sí mismo, pero otras veces se dirigía a sus ovejas, a su perro, al conejo que corría por la ladera, a la perdiz que surcaba el aire… Rafael hablaba solo porque, la verdad, no tenía con quién hablar. Se pasaba día tras día en la sierra con la única compañía de su rebaño y su fiel "ayudante" Jaro, que era un viejo perro tan bueno y tan listo que lo consideraba casi, casi, como un hermano: ¡Llevaban juntos tantos años que ya ni lo recordaba!

Bueno, Rafael tenía mujer e hijos en el pueblo y cada noche regresaba a casa con ellos pero, de día, su vida estaba en el campo.

Ya no tenía edad de trabajar, ni lo necesitaba. Sus hijos se colocaron en una fábrica cercana y se ganaban bien la vida. De vez en cuando le decían que vendiera las ovejas y se quedara tranquilamente en casa pero él, invariablemente, les contestaba: ¡Dejadme, que ya sabéis que yo en casa me ahogo!

Cuando hacía calor se sentaba a la sombra del chozo, que él mismo había hecho con ramas y, en invierno, se cobijaba en "su cueva". Bajo un gran peñasco se abría una pequeña "boca" que daba paso a un amplio habitáculo íntimo y calentito en el que se estaba tan a gusto.

Esa tarde había terminado de comer su merienda: una rebanada de pan recién cocido en el horno de casa, un poco de queso del que hacía su mujer con la leche de sus ovejas, unas rajitas de chorizo de la "matanza" y una manzana… ¡todo le había sabido a gloria! Y fue entonces, cuando se fijó en el trozo de palo que le recordó a Lucera. Lo cogió y comenzó a tallarlo con su vieja navaja; lo pulió un poco y se sintió orgulloso de su obra.

Después de esto, cada vez que encontraba un palo "apropiado", le daba forma y, ahora otra oveja, luego un perro, después una persona… reunió una buena colección de "obras de arte" que fue colocando en las repisas de la cueva. Y, de pronto un buen día, se le ocurrió la gran idea: ¿Por qué no hacer un Belén? ¡Sería tan bonito!

Y, ni corto ni perezoso, fue completando las figuras que faltaban: La Virgen, San José, el ángel, los Reyes Magos… y las ordenó todas debidamente en la repisa más grande. Era "su obra" de varios años y, al contemplarla, él mismo se emocionó, pero… ¡¡Ese sería su secreto!! (Y, de momento, no se lo contó a nadie).

Pasó algún tiempo. Sus manos estaban cada vez más torpes y le costaba manejar la navaja pero… ¡siempre le faltaba algún detalle! ¡Era tan perfeccionista!

Aquella Nochebuena Rafael se disponía a subir, como siempre, a la sierra con las poquitas ovejas que le quedaban. Pero sus hijos se opusieron. ¡¡Hoy no te lo vamos a permitir!! —le dijeron—. Es que, es que… tengo un regalo para vosotros y me gustaría… Abuelo —dijo uno de los nietos— dinos dónde está y nosotros te lo traeremos. El caso es que está allá arriba en la sierra — contestó casi con vergüenza— y sólo yo sé dónde encontrarlo. ¡¡Bueno!! —exclamó de pronto— os propongo una cosa: ¡Me gustaría tanto que subiéramos todos juntos!, ¡por favor, por favor!… y os prometo que será la última vez.

Iban a decir que no, ¡sin duda "chocheaba" un poco!, pero vieron que lo deseaba tanto que accedieron a su petición. Se abrigaron bien y, chicos y grandes, emprendieron el camino. Aunque la cuesta era empinada, aquel día parecía que Rafael había rejuvenecido y no le pesaban las piernas.

Cuando llegaron a la cueva, retiró las ramas que ocultaban la "puerta" y, uno tras otro, fueron entrando detrás del abuelo. Estaba bastante oscuro y no se percataron de nada. Entonces Rafael se apresuró a encender las velas que, estratégicamente, tenía colocadas y, ante aquella maravillosa visión, ¡se quedaron todos mudos de asombro! ¡¡Era algo mágico!!

Entonces Rafael, con toda solemnidad y no poca emoción, se dirigió a ellos y dijo: ¡Este es mi regalo de Navidad para todos vosotros!

Pero, abuelo, ¡si es precioso! —dijo uno de los nietos—. ¡Nunca hemos visto nada tan bonito! —dijo otro—. ¿Cómo has podido tenerlo en secreto?— preguntó uno de los hijos—. Y, todos a coro, gritaron: ¡¡Es nuestro mejor regalo de Navidad!! ¡¡Gracias, gracias…!!

Rafael estaba orgulloso y, mientras la familia comentaba cada detalle, se dirigió, con los ojos humedecidos por la emoción, a un rincón de la cueva. Allí guardaba la vieja flauta que había hecho de joven y que tantas veces le había acompañado en su soledad y, con manos temblorosas, comenzó a tocar un conocido villancico. ¡Parecía que estaban "en el cielo"! Cuando terminó, todos aplaudieron con entusiasmo y lo fueron abrazando y llenando de besos…

Poco tiempo después el abuelo Rafael moría feliz, rodeado de los suyos pero, desde entonces, cada año, el día de Nochebuena, suben todos a la sierra a cantar villancicos al Belén de la cueva…

Y dicen que en esa noche tan hermosa, cuando reina el silencio más absoluto en la montaña, se puede oír a lo lejos el dulce sonido de una flauta.

2º Premio "Concurso de Cuentos Navideños 2016",
Ayuntamiento de Alba de Tormes

Epílogo

HOY HE VISTO NEVAR...

Aquella tarde estaba especialmente triste y abatida. Hacía algún tiempo que una especie de "gripe" desconocida había surgido en China pero ¡a nosotros nos quedaba tan lejos! No pasaron muchos días y, transformada en amenazadora pandemia, se extendía por el mundo y llegaba hasta nosotros dejándonos paralizados: confinamiento, soledad, incertidumbre, contradicciones, dolor, muerte...

¡Había comenzado la primavera y los almendros, que en mi paseo diario por el campo contemplaba esperanzada, se iban vistiendo de blanco! Se acercaban fechas entrañables de celebraciones que disfrutaríamos juntos abuelos, hijos y nietos pero... ¡todo se había truncado!

Estos pensamientos bullían en mi cabeza y me asfixiaban. Y sentí la necesidad de asomarme a la calle para respirar un poco. Me levanté, retiré la cortina de mi ventana y... ¡no me lo podía creer, estaba nevando! Me quedé embobada contemplando el manso y silencioso caer de los blanquísimos copos que, poco a poco, iban poniendo a la calle una fina alfombra, que nadie pisaba y ¡su lenguaje sin palabras fue calando en mi alma! Entonces, antes de que olvidara su secreto mensaje volví a sentarme, abrí mi ordenador y traté de plasmarlo a través de mis sentimientos y nostalgias. Y así fue como nació este poema:

Hoy he visto nevar ¡y es primavera!
a través del cristal de mi ventana
(que un virus asesino nos retiene
cual presos confinados en las casas).

Y al contemplar los copos que caían
en silencio y quietud, se me antojaban
lágrimas blancas que de tantos ojos
brotaran con dolor cada jornada.

Es el llanto doliente del enfermo
que, postrado febril en una cama,
siente angustiado que le falta el aire
y que la vida a chorros se le escapa.

La impotencia del pobre sanitario
que carece de medios que esperaba
y lucha como héroe que se enfrenta
a terrible dragón con simple espada.

Y es llanto desolado por los muertos
que la familia despide acongojada
¡sin consuelo de darles una mano
ni unos besos de adiós sobre su cara!

Y es el llanto infantil que no comprende
por qué no puede abandonar la casa
cuando ve que los pájaros son libres
pero él sigue encerrado en una jaula.

Y son lágrimas por un futuro incierto
que al mundo del trabajo ya amenaza
y con miedo sospecha que algún día
falte el pan en la mesa de la casa.

¡Esta cruel epidemia se ha llevado
seguridades y certezas tantas...!

Hemos sido soberbios, suficientes,
¡nos vimos invencibles! y faltaba
asirnos a la fuerza misteriosa
de la mano de Dios tan olvidada...

Pero Él, que es amor, sigue presente:
¡Tanto samaritano que se afana
por ayudar, con riesgo de su vida,
a secar de los ojos nuestras lágrimas...!

¡Cuántos gestos de entrega y sacrificio
que son detalles de bondad humana!
¡Ayúdanos Señor, te suplicamos!
¡¡No dejes que perdamos la esperanza!!

Cuando terminé me asomé de nuevo a mi ventana para seguir contemplando el espectáculo pero ¡había cesado de nevar! y la blanca alfombra apenas se percibía en algún rincón sombrío... Elevé mis ojos desconcertados y ¡oh maravilla! De entre las nubes, que iban en retirada, se escapaban los primeros rayos de sol que, con sus pinceles de luz y calor dibujaban nuevas esperanzas.

Marzo de 2020